JN057623

原 信夫・松倉佳子・佐藤ちひろ 編著

佐藤純子　室井佑美　佐藤 恵　西村倫子
髙橋雅人　宗政朱利　田中賀奈子

子ども家庭 支援論

［第2版］

Theory to Support Children and Families

北樹出版

　「子ども家庭支援論」は、保育士が行う子育て家庭への支援について、その意義や役割、基本的知識と姿勢、体制や内容とその展開を学ぶ保育士養成課程の科目である。

　保育士には、保育所に通う子どもの保育だけでなく、子育て家庭への支援、地域の子育て家庭に対する支援を行う役割が定められている。こうした役割が求められた背景には、現代の子育て事情や子育て家庭を取り巻く社会情勢の変化がある。少子化や核家族化が進み、地域と子育て家庭とのつながりが薄れるにつれて、日々の子育てへの支援や協力が得られにくくなった。それにより子育ての負担感や不安が増しているといわれる。児童虐待の増加や貧困や DV など、子育てをめぐる新たな問題も現れている。

　これまでにも子育て支援の政策は進められてきたが、こうした社会情勢を受けて、就学前の子どもの保育や教育、子育て支援の新たな仕組みとして、2015 年 4 月に「子ども・子育て支援新制度」が施行された。これは量、質ともに社会全体で子育てを支えようという取り組みである。2017 年 4 月には保育所保育指針をはじめ、幼稚園教育要領、幼保連携型こども園教育・保育要領が改訂され、子育て支援における保育所や保育士の役割が定められた。2019 年 4 月から実施された保育士養成課程でも、子どもと子育て家庭への支援の内容を充実させる観点から、旧養成課程の科目を整理し内容を統合して、新たに「子ども家庭支援論」が科目として設けられることになった。

　「子ども家庭支援論」の科目としての目標は、

1. 子育て家庭に対する支援の意義・目的を理解する
2. 保育の専門性を活かした子ども家庭支援の意義と基本について理解する
3. 子育て家庭に対する支援の体制について理解する
4. 子育て家庭のニーズに応じた多様な支援の展開と子ども家庭支援の現状、課題について理解する、である。

　本書は保育士養成課程が定めた目標と内容に沿って編まれているが、子育て支援が求められる現状への理解を深めるため、序章「子ども家庭支援の必要性と機能」を設けて、家庭・家族の役割や機能、また現在の家庭を取り巻く状況について概観した。

　続く第 1 部「子育て家庭に対する支援の体制」では、子育て支援にかかわる施策と社会資源について取り上げた。子育て支援と次世代育成支援の施策がどのように行われ、それが現在の施策とどうつながるか、加えて、子育てにかかわる社会資源にはどのようなものがあるかを解説する。

　第 2 部「保育士による子ども家庭支援の意義と基本」では、保育の専門性を活かした子育て支援と、その基本的態度、子どもが育つ姿を保護者と共有すること、さらに他機関との連携・協力について取り上げた。保育士がその専門性に基づき、どのように子育て支援にかかわるか、地域の関係機関と連携するかを説明する。

第3部「多様な支援の展開と関係機関との連携」では、多様な子育て支援について取り上げた。子育て支援は、保育所を利用している子育て家庭も、利用していない子育て家庭も対象としている。ここでは様々な家庭のニーズに対応する子育て支援について説明する。加えて、地域での子育て支援や要保護児童とその家庭への支援についても概観し、最後に、子育て支援の課題と展望について述べる。

　各章の最初に、その章で学ぶべきポイントを示し、章の最後に、その章のキーワードと用語解説を載せた。さらに学習を進めたい人のために、章ごとにブックガイドも記した。保育を学ぶ学生はもちろんのこと、子育て支援に関心がある方たちに広く役立てていただきたいと願っている。

編者を代表して　原　信夫

〈第2版に寄せて〉

　初版後、子育て支援の施策では大きな変化があった。2022年には児童福祉法が改正され、こども基本法が成立した。2023年にはこども基本法が施行され、こども家庭庁が発足した。2024年4月には改正された児童福祉法が施行される。いずれも子育て支援を充実させ、推し進めるための施策である。

　これを受けて第2版では、子育て施策について加筆するとともに、流れを理解しやすいように一部の章立てを入れ替え、第8章「障害のある子どもや家庭への支援」を加えた。年次推移の資料も新しいものに改めた。授業で使うなかで感じた使いにくさを見直し、重複している部分などを整理している。学習に役立ててもらえれば幸いである。

第2部　保育士による子ども家庭支援の意義と基本　39

本章のポイント

● 家庭・家族の役割や機能を理解する。

● 子育て家庭を取り巻く現状を知り、子ども家庭支援が必要となる背景を知る。

● 子ども家庭支援の意義を理解する。

● 子ども家庭支援の対象と担い手を理解する。

1　子ども家庭支援の必要性

(1) 家庭・家族の役割や機能

　保育士の仕事のひとつに、「子どもや家庭を支援すること」がある。なぜ「子ども」のみならず「家庭」を支援する必要があるのか。それは、子どもの背景には「保護者」や「家族」が存在し、その「家族」の生活する拠点が「家庭」だからである。「家庭」が子どもにとって安心でき安全な場所であり、子どもの成長発達を促す場所であるために、子どもや保護者にとって身近な相談者であり専門職である保育士には、保護者に対して支援を行っていく役割がある。

　まず、ここで出てきた「家族」や「家庭」という言葉について考えてみよう。「家庭」とは何を指しているのか、「家族」との違いは何か、さらには家庭や家族の役割や機能とは何かということについて考えていこう。

　「家族」と「家庭」という言葉は、とても似ていて、明確に使い分けている人は少ないと思われる。そもそも「**家族**」とは何だろう。広辞苑（第七版）によると、「夫婦の配偶関係や親子・兄弟の血縁関係によって結ばれた親族関係を基礎にして成立する小集団」となっている。また森岡清美（1997）は、家族とは「夫婦・親子・きょうだいなど少数の近親者を主要な成員とし、成員相互の深い感情的関わりで結ばれた、幸福（well-being）追求の集団」であると定義している。つまり「家族」とは、「人（の集団）」を指しているといえる。

　一方「**家庭**」とは何だろう。広辞苑では、「夫婦・親子など家族が一緒に生活する集まり。また、家族が生活する所」となっている。大辞泉（第二版）では、「夫婦・親子などの関係にある者が生活をともにする、小さな集団。また、その生活する所」となっている。つまり「家庭」は、家族が生活する「場所」のことを指しているといえる。

　では「家族」や「家庭」には、どのような役割や機能があるのだろうか。以下では、「家族」や「家庭」の機能について整理し、その機能が現在では低下していることをみていきたい。

　家族にはどのような**機能**があるだろうか。パーソンズは、家族には①子どもの社会化と②成人のパーソナリティの安定化、という機能があるとする核家族二機能説を唱えた。子どもの社会化とは、子どもが他者との相互作用のなかで、生活している社会に適切に参加することが可

能になるような価値、知識、技能、行動を習得する過程をいう。子どもにとっては、その場所が家族であるということである。また、成人のパーソナリティの安定化とは、「大人がさまざまな欲求不満やストレスを解消し、精神的安寧を回復すること」（野々山編, 2009）である。これについては、図表序-1 を参照してもらいたい。これらに加えて、森岡は、日本の家族の機能として、「老人の扶養」をあげている（森岡・望月, 1997）。「老人の扶養」については、老人の4 つの欲求である①経済的安定欲求、②保健欲求、③情緒的反応欲求、④価値欲求が満たされる場として家族があるということである。

　家庭の機能や役割は、家族が生活をする場所、生活の拠点ということが基本であるが、家族の果たす役割を広くとらえると、次のような機能があるといえる。

　①家族が生活する場所としての機能　家族が生活をする場所であることが家庭の基本的な機能である。家族が食事、掃除、洗濯（衣・食・住）などの日常生活を送り、快適に暮らしていくための場所となる。

　②休息・休養する場所としての機能　家庭は心身を休息・休養させる場所となる。働いて疲れた心身を癒し、元気に働けるようにする、長い休養をとり元気になるための場所である。

　③精神的な安らぎを得る場所としての機能　家族がいる家庭の場では精神的な安らぎ、満足感を得ることができる。家族と一緒に過ごすことで、安心できる、落ち着ける、満たされる場所となる。一家団欒の場所である。

　④家計の経済活動を行う場所としての機能　家庭は家族が経済活動を行う場所である。家計の基本的な活動の場所となるのが家庭である。家庭のなかで家族が物やサービスを消費し、場合によっては家庭が経済的な生産活動の場所となることもある。

　⑤安全な生活の場所を提供する機能　住居は主に物理的な意味で安全な生活の場所を提供するが、家族がいる家庭の場は、機能的・精神的な面で安全を提供する。困ったときに他に誰かがいれば助け合えるからである。

　⑥子どもを産み育てる場所としての機能　家庭は新たな家族を産み、子育ての場所として家族が続いていくための機能を提供する。育児していく中心となる場所が、家庭なのである。

　⑦扶養や看護・介護が必要な家族を保護し養う場所としての機能　家庭には扶養が必要な家族、病気やけがで看護が必要な家族、介護が必要な家族を保護して養う場所としての機能がある。これは家族の機能でもあるが、家庭は家族の機能を果たす場所となる。

　⑧社会的な最小単位としての家族が活動する場所としての機能　社会においては家族が最小単位となり、行政とのかかわりや地域とのつながり、他の家族との付き合いなどにおいて、最小単位として機能する。家庭には、社会的な最小単位である家族が活動する場所としての機能がある。

　⑨家族間での教育や文化の継承を行う場所としての機能　家族の間で教育を行ったり、家族の文化や伝統を伝えていく場所としての機能である。

　2022 年に内閣府が行った調査では、「家庭はどのような意味をもっているか」という問いへの回答は以下のような結果となっている（図表序-1）。最も多いのが「家族の団らんの場」で

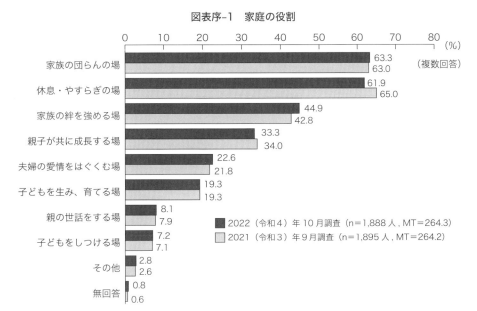

図表序-1　家庭の役割

	2022（令和4）年10月調査（n=1,888人，MT=264.3）	2021（令和3）年9月調査（n=1,895人，MT=264.2）
家族の団らんの場	63.3	63.0
休息・やすらぎの場	61.9	65.0
家族の絆を強める場	44.9	42.8
親子が共に成長する場	33.3	34.0
夫婦の愛情をはぐくむ場	22.6	21.8
子どもを生み、育てる場	19.3	19.3
親の世話をする場	8.1	7.9
子どもをしつける場	7.2	7.1
その他	2.8	2.6
無回答	0.8	0.6

（複数回答）

（出典）内閣府（2023）「令和4年度 国民生活に関する世論調査」

63.3％、また「休息・やすらぎの場」が61.9％と高く、以下、「家族の絆（きずな）を強める場」（44.9％）、「親子が共に成長する場」（33.3％）などの順となっている。

　現代の家族や家庭の現状と、それに伴う家族・家庭の機能の変化や低下については、次項で詳しく述べる。

(2) 子育て家庭を取り巻く現状

1) 家族の変化

　近年、日本の家族にみられる顕著な変化としてあげられるのは、「三世代世帯」が減少し全世帯の約4％となっていることである（図表序-2）。三世代以上で構成される家族では、子どもの親だけではなく同居する祖父母や親族などが親とともに子育てを行い、親は家族に支えられ、親として成長をしていた。また、大家族内での日々の生活や子育ての営みを通して子育ての文化が継承され、親になる前から親になるための準備が行われていた。しかし現在、子どものいる世帯の8割以上が核家族となっている。核家族が主流となった今、子どもの頃から子育てを経験することが難しく、また、親世代から子育ての文化が伝えられることも少なくなった。このように、子どもとのかかわりや育児経験のない親、とりわけ母親にのみ子育てが任されているのが子育て家庭の現状である。

　さらに、現在の日本は、単独世帯や子どものいない夫婦のみの世帯が増加している。全世帯に占める子どものいる世帯と子どものいない世帯の数は1980年代に逆転し、現在は子どものいる世帯は全体の約2割程となっている（図表序-3）。このような社会状況においては、社会のなかで子育てへの理解が得られにくくなり、また子育て家庭が子育てを共有する関係性も築きにくくなった。地域のネットワークのなかで子育てを行うことが難しくなり、親の子育てへの

図表序-2　世帯構造の割合の推移（%）

	単独世帯	核家族			三世代世帯	その他の世帯	児童のいる世帯		
		夫婦のみの世帯	夫婦と未婚の子のみの世帯	ひとり親と未婚の子のみの世帯			世帯数	核家族世帯の割合	三世代世帯の割合
1986（昭和61）年	18.2	14.4	41.4	5.1	15.3	5.7	17,364	69.6	27.0
1989（平成元）年	20.0	16.0	39.3	5.0	14.2	5.5	16,426	69.5	26.9
1992（平成4）年	21.8	17.2	37.0	4.8	13.1	6.1	15,009	69.1	27.2
1995（平成7）年	22.6	18.4	35.3	5.2	12.5	6.1	13,586	69.3	26.9
1998（平成10）年	23.9	19.7	33.6	5.3	11.5	6.0	13,453	70.0	26.4
2001（平成13）年	24.1	20.6	32.6	5.7	10.6	6.4	13,156	71.2	24.7
2004（平成16）年	23.4	21.9	32.7	6.0	9.7	6.3	12,916	74.2	22.5
2007（平成19）年	25.0	22.1	31.3	6.3	8.4	6.9	12,499	75.9	20.0
2010（平成22）年	25.5	22.6	30.7	6.5	7.9	6.8	12,324	76.9	18.8
2013（平成25）年	26.5	23.2	29.7	7.2	6.6	6.7	12,085	79.6	16.3
2016（平成28）年	26.9	23.7	29.5	7.3	5.9	6.7	11,666	80.5	14.7
2017（平成29）年	27.0	24.0	29.5	7.2	5.8	6.5	11,734	82.7	14.2
2018（平成30）年	27.7	24.1	29.1	7.2	5.3	6.6	11,267	83.3	13.6
2019（令和元）年	28.8	24.4	28.4	7.0	5.1	6.3	11,221	82.5	13.3
2021（令和3）年	29.5	24.5	27.5	7.1	4.9	6.5	10,737	82.6	12.9
2022（令和4）年	32.9	24.5	25.8	6.8	3.8	6.2	9,917	84.4	11.1

（注）1）1995（平成7）年の数値は、兵庫県を除いたものである。
　　　2）2016（平成28）年の数値は、熊本県を除いたものである。
　　　3）2020（令和2）年は、調査を実施していない。
（出典）厚生労働省（2023a）「令和4年 国民生活基礎調査」より筆者作成

図表序-3　児童のいる世帯の割合と平均児童数の推移

（出典）厚生労働省（2023a）「令和4年 国民生活基礎調査」より筆者作成

不安や社会的な孤立をうみだしてしまっている。

　また、ひとり親家庭の割合も少しずつではあるが増加している（図表序-2）。ひとり親家庭においては、家事、育児、経済といった生活のあらゆる分野をひとりの親が担っていることが多い。さらにひとり親家庭の約半数が**貧困**状態にあり（図表序-4）、経済的な不安定さのなかで子育てを行っているといえる。

　家族は、生活を継続し家族構成員の幸福（well-being）を支えるために様々な機能を果たしている。前節で述べたように、子どもを産み、養育および教育することも家族の主要な機能のひとつである。

　しかし、社会の産業化や都市化の進展、社会サービスの分業化とそれに伴う専門化が、家族

図表序-4　貧困率の年次推移

	1985 (昭60)	1988 (昭63)	1991 (平3)	1994 (平6)	1997 (平9)	2000 (平12)	2003 (平15)	2006 (平18)	2009 (平21)	2012 (平24)	2015 (平27)	2018 (平30)	2021 (令3)
	(単位：%)												
相対的貧困率	12.0	13.2	13.5	13.8	14.6	15.3	14.9	15.7	16.0	16.1	15.7	15.7	15.4
子どもの貧困率	10.9	12.9	12.8	12.2	13.4	14.4	13.7	14.2	15.7	16.3	13.9	14.0	11.5
子どもがいる現役世帯	10.3	11.9	11.6	11.3	12.2	13.0	12.5	12.2	14.6	15.1	12.9	13.1	10.6
大人が一人	54.5	51.4	50.1	53.5	63.1	58.2	58.7	54.3	50.8	54.6	50.8	48.3	44.5
大人が二人以上	9.6	11.1	10.7	10.2	10.8	11.5	10.5	10.2	12.7	12.4	10.7	11.2	8.6
	(単位：万円)												
中央値（a）	216	227	270	289	297	274	260	254	250	244	244	248	254
貧困線（a/2）	108	114	135	144	149	137	130	127	125	122	122	124	127

（出典）厚生労働省（2023a）「令和4年 国民生活基礎調査」

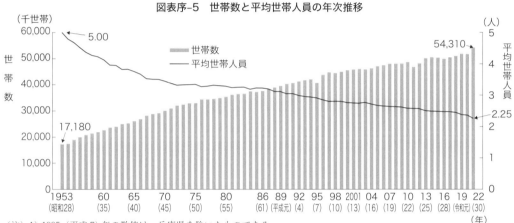

図表序-5　世帯数と平均世帯人員の年次推移

（注）1）1995（平成7）年の数値は、兵庫県を除いたものである。
　　　2）2011（平成23）年の数値は、岩手県、宮城県および福島県を除いたものである。
　　　3）2012（平成24）年の数値は、福島県を除いたものである。
　　　4）2016（平成28）年の数値は、熊本県を除いたものである。
　　　5）2020（令和2）年は、調査を実施していない。
（出典）厚生労働省（2023a）「令和4年 国民生活基礎調査」

の機能に影響を与えている。またこのような社会の変化に加えて、家族形態の変化も家族の機能に影響をおよぼしている。近年、家族を構成する人員数が減少し、平均世帯人員は2.25人となり家族の規模が縮小している（図表序-5）。その結果、子どもの養育などを家族のみで行うことはより困難になっている。

2）増加する児童虐待

　児童（子ども）虐待の問題は日々の報道等を通して、わたしたちに伝えられている。子どもの不当な扱いは、近世以前より行われていた。人身売買による児童の強制労働は、平安時代後期頃から江戸時代に入る前まで続いていたという指摘がある。農民の生活は天候に左右されやすかったため、不作や飢饉により「親たちは子どもを売ることも少なくなかった」（藤野. 2011）のである。また、口減らしとして、子棄てや間引きが行われてきた歴史もあり、1690（元禄3）年に棄児禁止令が、1767（明和4）年には間引き禁止令が発布され、これらの行為が禁止

された。こうした行為の大きな原因となっていたのが絶対的な貧困であり、家族の生活のためにやむなく行われていた背景がある。

　しかし、近年では、**児童虐待**の背景が変わってきている。これまで家族の変化をみてきたように、子育て家庭の多くが核家族となり、多くの場合、子育て経験のない母親にのみ育児の負担がかかっている。非正規雇用の増加により、生活の不安定さを抱える家庭も増えている。さらに子育てを理解し支え合う地域のネットワークが失われ、不安を抱えながら孤立し子育てをする親も増えている。このような様々な要因が重なり、児童虐待という問題を生み出している。

　児童相談所が対応した児童虐待の相談件数（図表序-6）は増加しており、2022（令和4）年度

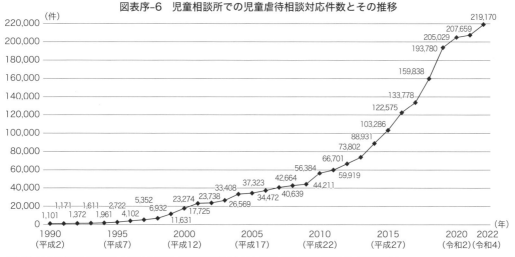

図表序-6　児童相談所での児童虐待相談対応件数とその推移

（出典）厚生労働省（2023b）「令和4年度 児童相談所における児童虐待相談対応件数（速報値）」

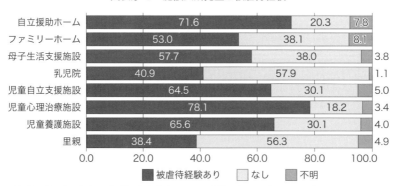

図表序-7　施設入所児童の被虐待経験

（出典）厚生労働省（2020）「児童養護施設入所児童等調査結果（平成30年）」より筆者作成

には約21万件を超える相談が報告された。また、児童養護施設などに入所し社会的養護を受けている児童の多くが過去に被虐待体験を有しており、深刻な問題となっている（図表序-7）。

　児童虐待は子どもの成長・発達に大きな影響があるとされ、喫緊の課題としてその対策が進められている。子育て家庭への支援には、児童虐待の予防的な意義も含まれているのである。

これまで述べてきたように、子育て家庭の状況や子育てを支えてきた地域社会の変化は、家族（保護者）の子育てや子どもの育ちに大きな影響をおよぼしている。またこうした変化に伴い、家族の機能が低下しているため、社会全体でそれらを充足し、家族の機能を支えることが求められている。このように、社会が家族・家庭の補足的・代替的な役割を担うことを、家族・家庭の機能の「**社会化**」という。子育てに関していえば、子育ての社会化のひとつとして保育所があげられる。保育者は日々の保育や子ども家庭支援を通して、家族・家庭の機能の補足的・代替的な役割を担っているのである。

　こうした状況を理解し、家族の子どもを産み育てる希望がかなえられ、すべての子どもの健やかな育ちを社会全体で支えていくことが子ども家庭支援である。

2　子ども家庭支援の位置づけ

　1989 年に採択され、1994 年に日本が批准した児童の権利に関する条約（以下、「子どもの権利条約」）は、その前文に、（子どもは）「人格の完全なかつ調和のとれた発達のため、家庭環境の下で幸福、愛情及び理解のある雰囲気の中で成長すべきである」と謳い、子どもの成長にとっての家庭（環境）を重視している。また、「家族が、社会の基礎的な集団として、並びに家族のすべての構成員、特に、児童の成長及び福祉のための自然な環境として、社会においてその責任を十分に引き受けることができるよう必要な保護及び援助を与えられるべきである」と述べられており、子どもの権利を保障し、発達に欠かせない家庭が子育てをできるように支援することの重要性が示されている。

　具体的には、第 18 条で、保護者の子育てに対する第一義的責任と、保護者がその責任を遂行するための援助を国が行うという原理を定めている。

児童の権利に関する条約

第 18 条

1　締約国は、児童の養育及び発達について父母が共同の責任を有するという原則についての認識を確保するために最善の努力を払う。父母又は場合により法定保護者は、児童の養育及び発達についての第一義的な責任を有する。児童の最善の利益は、これらの者の基本的な関心事項となるものとする。

2　締約国は、この条約に定める権利を保障し及び促進するため、父母及び法定保護者が児童の養育についての責任を遂行するに当たりこれらの者に対して適当な援助を与えるものとし、また、児童の養護のための施設、設備及び役務の提供の発展を確保する。

3　締約国は、父母が働いている児童が利用する資格を有する児童の養護のための役務の提供及び設備からその児童が便益を受ける権利を有することを確保するためのすべての適当な措置をとる。

　さらに、2016（平成 28）年に改正された児童福祉法には、法の理念として、上述した子どもの権利条約の精神に則ることが明記されている。第 2 条では、子どもを育成する責任について

すべての国民にその努力義務があること、児童育成の第一義的責任が児童の保護者にあり、国や地方公共団体は児童の保護者とともに児童育成の責任を負っていることを定めている。さらに、第3条の2には、「児童が家庭において心身ともに健やかに養育されるよう、児童の保護者を支援しなければならない」と定め、子どもを養育する保護者への支援は国及び地方公共団体の責務であるとしている。

児童福祉法第18条の4では、保育と児童の保護者に対する保育に関する指導を行うことが保育士の業務と規定されている。児童福祉法が定める児童の保護者への支援を、保育所などの現場で実践しているのが保育者であり、現代の保育者にとって子ども家庭支援は必須の業務となっている。

次に、厚生労働省が告示する「保育所保育指針」における子ども家庭支援について確認する。保育所保育指針では保育所における保育の内容が示されており、保育所における実践の拠りどころとなるもので、1965（昭和40）年に通達され、その後、1990（平成2）年、1999（平成11）年、2008（平成20）年、2018（平成30）年と、計4回改定され現在に至っている。1999年版保育所保育指針に子育て支援という内容が登場し、保育所に通う特別な配慮を要する子どもと保護者への対応と、地域における子育て支援について明記された。当時日本は、少子化対策としてエンゼルプラン（『今後の子育て支援のための施策の基本的方向について』1994年策定）を実施し、増える保育需要に応えられるよう保育所機能を多様化し、延長保育や一時保育の実施や地域子育て支援事業の整備を行い、保育対策に取り組んでいた。

2008年の改定では、改定の背景として、子どもの生活が変化する一方で育児不安を抱える保護者が増加するなど、家庭の養育力の低下や児童虐待の増加を指摘している。そこで、保育所の役割として、保護者に対する支援と地域の子育て家庭に対する支援を明確に位置づけ、子ども家庭支援に関する内容の独立した章が設けられた。

さらに2015（平成27）年度から、子ども子育て支援新制度が施行され、保育をめぐる状況が変化した。少子化や核家族、地域のつながりの希薄化が進行するなど、様々な課題が顕在化するなかで、2018（平成30）年に4回目の改定が行われた。この改定の方向性として、改めて

図表序-8　保育所保育指針の子ども家庭支援に関する記述内容

1999（平成11）年版	2008（平成20）年版（告示化）	2018（平成30）年版
第13章　保育所における子育て支援及び職員の研修など 前文 1. 入所児童の多様な保育ニーズへの対応 (1) 障害のある子どもの保育 (2) 延長保育、夜間保育など (3) 特別な配慮を必要とする子どもと保護者への対応 2. 地域における子育て支援 (1) 一時保育 (2) 地域活動事業 (3) 乳幼児の保育に関する相談・助言	第6章　保護者に対する支援 前文 1. 保育所における保護者に対する支援の基本 2. 保育所に入所している子どもの保護者に対する支援 3. 地域における子育て支援 (1) 地域における子育て支援の実施について ア 地域の子育ての拠点としての機能 イ 一時保育 (2) 関係機関等の連携 (3) 要保護児童対策地域協議会	第4章　子育て支援 前文 1. 保育所における子育て支援に関する基本的事項 (1) 保育所の特性を生かした子育て支援 (2) 子育て支援に関して留意すべき事項 2. 保育所を利用している保護者に対する子育て支援 (1) 保護者との相互理解 (2) 保護者の状況に配慮した個別の支援 (3) 不適切な養育等が疑われる家庭への支援 3. 地域の保護者等に対する子育て支援 (1) 地域に開かれた子育て支援 (2) 地域の関係機関等との連携

（出典）亀崎（2013：16）を加筆修正

子育て支援の必要性が示され、「子育て支援（第4章）」には保育所における「保育所を利用している保護者に対する子育て支援」と「地域の保護者等に対する子育て支援」が明記された（図表序-8）。保育所保育指針の改定にもみられるように、子どもの育ちと家庭の子育てを支える上で保育者に求められている役割は大きい。

さらには、保育実践の拠りどころとなるものとして、2003（平成15）年に策定された「全国保育士会倫理綱領」があり、これは厚生労働省の「保育所保育指針解説」でも言及されている。

倫理綱領のすべての条文は、内容的に関連し合っており、そこに示された内容・意義について一人ひとりが適切に認識し、行動となって現れることが必要とされている。保育士は倫理綱領を行動規範とし、専門性を意識して日々の保育をよりよくしていくことが求められている。

倫理綱領は前文と8つの項目で成り立っており、子ども家庭支援に関連するものとしては、「保護者との協力」「プライバシーの保護」「利用者の代弁」「地域の子育て支援」があげられる。

「保護者との協力」とは、保育士と保護者、保育所と家庭がパートナーシップを組んで協力して子育てをしていくということである。保護者や家庭の状況は様々であるため、それぞれの状況を理解し受け止めていくことで保護者との関係を構築し、ともに協力して子どもの育ちや子育てを行うことが求められている。またその際、保育士は子どもや保護者、家庭の状況を把握しやすい立場にあることを認識し、「プライバシーの保護」に留意し、知り得た個人の情報や秘密を守らなければならない。これは専門職であれば当然のことであり、守秘義務が課せられていることを常に意識しなければならない。

また、それぞれの家庭の状況を把握しながら、保護者の子育てニーズを明らかにし、必要な場合はそれを「代弁する」役割も担っている。加えて日々の保育活動のなかから子ども自身のニーズも把握して受け止め、こちらも必要な場合には代弁する役割を担っている。子どもの場合も保護者の場合も、それぞれの立場に立って考え、代弁することが大切である。

さらに保育士は、保育所の子どもや保護者に対する支援のみならず、地域のすべての子育て家庭への支援を行うことが児童福祉法にも定められている。地域の関係機関とネットワークを結び、地域の子育て力を向上させる役割を担い、地域で子どもを育てる環境づくりに努めなければならない。

全国保育士会倫理綱領では、保育士の行動指針として子育て家庭への支援をどのような姿勢で行うのかについて理解することができる。支援に迷ったとき、専門職として今一度この倫理綱領に立ち返る必要がある。

3　子ども家庭支援の対象と担い手

子ども家庭支援の対象は、子どもとその子どもを養育する家庭、さらに子育て家庭が生活する地域社会である。

それぞれへの支援の目的を考えてみると、子どもへの支援は、子どもにとっての安心・安全な生活を確保し、心身の健やかな成長・発達、そして自立していく権利を保障するために行わ

れる。子どもを養育する家庭（保護者等）への支援は、養育を支えることで子どもの育ちを保障するとともに、子育て家庭の生活の安定とそれぞれの自己実現を保障することが目的といえるだろう。さらに、子育て家庭が生活する地域社会への支援は、子どもや子育て家庭を地域全体で支えるという地域社会の意識や文化を醸成することが目的となるだろう。つまり、子育てを支えるつながり（ネットワーク）が構築され、子育て家庭が地域社会から孤立することなく、地域社会の一員として子育てや生活をすることができるようにしていくことである。

　子ども家庭支援は保育所や子ども園、幼稚園でのみで行われるものではない。児童福祉法に「児童の養育に関する相談に応じ、及び助言を行うよう努めなければならない」と定められているように、保育所以外の児童福祉施設もその機能を果たすことが期待されている。また、児童相談所や市町村保健センターなどの行政機関、小中学校や特別支援学校などの教育機関での保護者支援も、子育て家庭への支援といえるだろう。すなわち、子ども家庭支援は、保育士に限らず、児童福祉施設などの支援者、保健師、教師、児童相談所の職員など、子どもを対象とした様々な機関の専門職が担っている。また、これらの専門職に加えて、地域の児童委員や地域で行われている子育てサロンなどの活動に参加する地域住民などもまた、子育て家庭を支える重要な存在である。

　多機関多職種が子ども家庭支援に関する使命を自覚し、地域社会のなかで連携していくことが求められている。

📖 ワーク序-1　子育て支援の必要性を考えてみよう

① 本章の内容やデータから、現代の家族の特徴をあげてみましょう。
② ①をもとに、なぜ子育て支援が必要なのか考えてみましょう。

キーワード

家族　家庭　機能　社会化　子どもの貧困　児童虐待

ブックガイド

谷田貝公昭編（2019）『図説　子ども辞典』一藝社 ▶ 「生活」「文化」「環境」「福祉」「教育」というテーマから、「子ども」に関する様々なデータをわかりやすく図表で示している。現代の子どもと子どもを取り巻く現状を理解するために役立つ1冊である。

（映画）『誰も知らない』（是枝裕和監督，2004年公開）▶ 1988（昭和63）年に、実際に起きた置き去り事件を題材に作られた映画である。都内のアパートで母親と幸せに暮らす4人の兄弟。しかし彼らの父親はみな別々で、学校にも通ったことがなく、3人の妹弟の存在はアパートの大家にも知らされていなかった。ある日、母親は兄に妹弟の世話を託して家を出る。この日から、誰にも知らされることのない4人の子どもだけの「漂流生活」がはじまる。社会から孤立する家族の姿から、子育てについて考えてほしい。

（佐藤　ちひろ・松倉　佳子）

子育て家庭に対する
支援の体制

第1部「子育て家庭に対する支援の体制」では、子育て支援にかかわる施策と社会資源について学ぶ。子育て支援と次世代育成支援の施策がどのように行われてきたか、それが児童福祉法の改正からこども家庭庁の創設へとどうつながっているか、理解を深めてもらいたい。また、子育てにかかわる社会資源を知ることは、社会全体で子育てを支援する際の基本的な知識である。どのような社会資源が子育てを担っているのか、自分の身近な地域での実際の姿を頭に浮かべながら学ぶことが大切である。

第1章 子育て支援施策・次世代育成支援施策の推進

本章のポイント

● 子ども家庭福祉の施策体系と推進計画について理解する。

● 子育て家庭に対する支援の体制について理解する。

● 子育て支援サービスの概要を理解する。

1 子育て支援施策・次世代育成支援に至る社会的背景

　昨今の日本社会では、密室育児や親の子育て能力の低下、児童虐待問題など子育てをめぐる問題が社会的に注目されるようになってきている。従来、地域コミュニティや家庭には、成員同士の相互扶助機能があった。しかし、地域社会や家族形態の変化に伴って、親族や地域の関係性が希薄化し、家族機能が低下するようになり、子育て家庭が孤立化する方向へ進んでいる。

　子育て期にある現代の親たちは、地縁や血縁によるネットワークが得にくい環境に置かれているため、育児ストレスや子育ての負担感を感じる家庭は少なくない。こうした状況からも、かつての日本社会で行われてきた私的な助け合いだけでは子育ち・子育てが健全に機能しなくなったため、公的な子育て支援が期待されるようになった。

　日本における**合計特殊出生率**[*1]は、1975年に2.0を下回り、それ以降は継続して低下傾向にある。1989（平成元）年には、戦後の過去最低であった1966（昭和41）年の1.58を下回り、その数値が1.57になったことから、いわゆる「1.57ショック」と呼ばれ、**少子化対策**としての保育サービスや子育て支援の取り組みが本格化した。1992（平成4）年になると、育児休業法が公布されることになり、保育所の需要がさらに高まり、乳児保育や延長保育などをはじめとする保育内容の充実と長時間保育の実施が図られるようになった。

2 子ども・子育て支援サービスの推進

(1) 少子化対策としての「エンゼルプラン」「新エンゼルプラン」

　こうした流れをうけ、わが国では少子化の一層の進行や女性の社会進出などの変化に対応するため、少子化対策として「エンゼルプラン」が1994年に策定された。これに基づいて、「緊急保育対策等5か年事業」が打ち出され、保育の量的拡大、多様な保育（低年齢児保育、延長保育等）の充実などについて、数値目標を定めて取組が進められた。しかしながら、同時期の高齢社会対策と比べるとその歩みは遅く、施策の内容は保育対策が中心であった。

　その後、「エンゼルプラン」と緊急保育対策等5か年事業の見直しによって「新エンゼルプラン」が1999年に策定された。「新エンゼルプラン」では、保育サービスの充実とともに雇用、

母子保健、相談、教育などの事業内容が盛り込まれている。

(2) 少子化対策から次世代育成支援への展開

2000 年以降には、これまでの対策で中心的であった保育分野だけでなく、雇用、母子保健、教育等にも広がっていき、2003 年には「少子化社会対策基本法」が制定された。翌年の 2004 年には、「少子化社会対策大綱」が閣議決定され、少子化対策は政府全体の取り組みとして位置付けられるようになった。2005 年 4 月から、地方公共団体および企業における 10 年間の集中的・計画的な取り組みを促進するための法律として「**次世代育成支援対策推進法**」(*2)(平成 15 年法律第 120 号）が制定され、行政と企業が一体となって次世代育成に取り組む協働の枠組みができた。すなわち、職域における「両立支援」の浸透がめざされるようになったといえよう。

2005（平成 17）年度からは、「子ども・子育て応援プラン」が施行されている。この施策に伴い、幼稚園と保育所の連携と施設の共有化を図るための「幼保一元化」の推進についても提言がなされ、2006（平成 18）年 10 月になると、「就学前の子どもに関する教育、保育等の総合的な提供の推進に関する法律」、いわゆる「認定こども園法」が成立するに至った。

2010（平成 22）年になると、「社会保障と税の一体改革」が実施され、消費税率増税に伴う社会保障として、こども・子育て分野に 0.7 兆円規模の財源が充てられることとなった。さらに、2017 年には「新しい経済政策パッケージ」により、「人づくり革命」の一環として追加財源の 2 兆円が確保された。（次頁図表 1-1)。

(3)「認定こども園」制度下の幼保一元化

2006（平成 18）年には「就学前の子どもに関する教育、保育等の総合的な提供の推進に関する法律」いわゆる「認定こども園法」が成立し、幼稚園と保育所の両方の機能を合わせもつ「認定こども園」の設置が規定された。この法案では、園と保護者が直接契約を行う「幼保」の統合施設として、「認定こども園」を実施していく旨が示され、「幼保一体化」（当時は、「幼保一元化」と呼ばれていた）の機運が熟していった。

2010（平成 22）年の「子ども・子育て新システムの基本制度案要綱」では、「認定こども園」について、①幼稚園・保育所・認定こども園の垣根を取り払い（保育に欠ける要件の撤廃等）、新たな指針に基づき、幼児教育と保育をともに提供する「こども園」に一体化し、新システムに位置づけること、②「認定こども園」については、「幼保一体給付」(*3)の対象とすることが記されている。2012（平成 24）年 6 月になると、民主党、自民党および公明党の 3 党による修正協議がなされ、最終的には 3 党が合意する形で法案が成立するに至った。

図表 1-1　これまでの少子化対策の取り組み

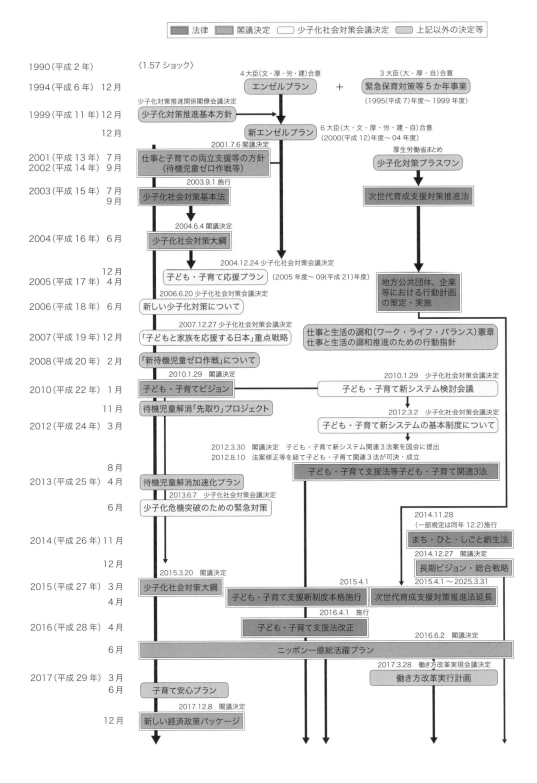

| ■ 法律 | ■ 閣議決定 | □ 少子化社会対策会議決定 | ■ 上記以外の決定等 |

1990（平成 2 年）　　　　〈1.57 ショック〉

1994（平成 6 年）12 月　　　　4 大臣（文・厚・労・建）合意　　　　3 大臣（大・厚・自）合意
　　　　　　　　　　　　　　　エンゼルプラン　　＋　　緊急保育対策等 5 か年事業
　　　　　　　　　　　　　　　　　　　　　　　　　　　（1995（平成 7）年度〜 1999 年度）

1999（平成 11 年）12 月　少子化対策推進関係閣僚会議決定
　　　　　　　　　　　　少子化対策推進基本方針

　　　　　　12 月　　　　　　　　新エンゼルプラン　　6 大臣（大・文・厚・労・建・自）合意
　　　　　　　　　　　　　　　　　　　　　　　　　　（2000（平成 12）年度〜 04 年度）

2001（平成 13 年）7 月　2001.7.6 閣議決定　　　　　　　　　　　　　厚生労働省まとめ
2002（平成 14 年）9 月　仕事と子育ての両立支援等の方針　　　　少子化対策プラスワン
　　　　　　　　　　　　（待機児童ゼロ作戦等）

2003（平成 15 年）7 月　2003.9.1 施行
　　　　　　　9 月　　　少子化社会対策基本法　　　　　　　　　　次世代育成支援対策推進法

2004（平成 16 年）6 月　2004.6.4 閣議決定
　　　　　　　　　　　　少子化社会対策大綱

　　　　　　12 月　　　　2004.12.24 少子化社会対策会議決定
2005（平成 17 年）4 月　子ども・子育て応援プラン（2005 年度〜 09（平成 21）年度）　地方公共団体、企業
　　　　　　　　　　　　　　　　　　　　　　　　　　　　　　　　　等における行動計画
2006（平成 18 年）6 月　2006.6.20 少子化社会対策会議決定　　　　の策定・実施
　　　　　　　　　　　　新しい少子化対策について

2007（平成 19 年）12 月　2007.12.27 少子化社会対策会議決定
　　　　　　　　　　　「子どもと家族を応援する日本」重点戦略　仕事と生活の調和（ワーク・ライフ・バランス）憲章
2008（平成 20 年）2 月　「新待機児童ゼロ作戦」について　　　仕事と生活の調和推進のための行動指針

2010（平成 22 年）1 月　2010.1.29 閣議決定　　　　2010.1.29　少子化社会対策会議決定
　　　　　　　　　　　　子ども・子育てビジョン　　子ども・子育て新システム検討会議

　　　　　　11 月　　　待機児童解消「先取り」プロジェクト　2012.3.2 少子化社会対策会議決定
2012（平成 24 年）3 月　　　　　　　　　　　　　　子ども・子育て新システムの基本制度について

　　　　　　　　　　　　2012.3.30　閣議決定　子ども・子育て新システム関連 3 法案を国会に提出
　　　　　　　　　　　　2012.8.10　法案修正等を経て子ども・子育て関連 3 法が可決・成立
　　　　　　8 月　　　　　　　　　子ども・子育て支援法等子ども・子育て関連 3 法
2013（平成 25 年）4 月　待機児童解消加速化プラン
　　　　　　　　　　　　2013.6.7　少子化社会対策会議決定
　　　　　　6 月　　　少子化危機突破のための緊急対策　2014.11.28
　　　　　　　　　　　　　　　　　　　　　　　　　　（一部規定は同年 12.2）施行
2014（平成 26 年）11 月　　　　　　　　　　　　　　まち・ひと・しごと創生法
　　　　　　　　　　　　　　　　　　　　　　　　　　2014.12.27　閣議決定
　　　　　　12 月　　　　　　　　　　　　　　　　　長期ビジョン・総合戦略

2015（平成 27 年）3 月　2015.3.20　閣議決定　　　　　　　2015.4.1　　　2015.4.1 〜 2025.3.31
　　　　　　　　　　　　少子化社会対策大綱　　子ども・子育て支援新制度本格施行　次世代育成支援対策推進法延長
　　　　　　4 月　　　　　　　　　　　　　　　　　　　　2016.4.1　施行
2016（平成 28 年）4 月　　　　　　　　　　　　　子ども・子育て支援法改正

　　　　　　6 月　　　　　　　　　　　　　　ニッポン一億総活躍プラン　2016.6.2　閣議決定

　　　　　　　　　　　　　　　　　　　　　　　　　　　　　2017.3.28 働き方改革実現会議決定
2017（平成 29 年）3 月　　　　　　　　　　　　　　　　　　　働き方改革実行計画
　　　　　　6 月　　　子育て安心プラン

　　　　　　　　　　　　2017.12.8 閣議決定
　　　　　　12 月　　　新しい経済政策パッケージ

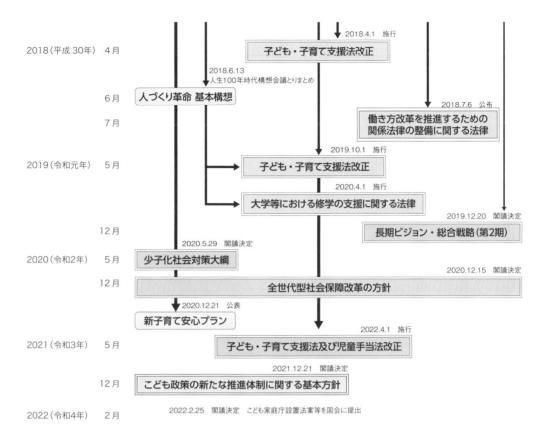

2018（平成30年）　4月	2018.4.1　施行　　子ども・子育て支援法改正
6月	2018.6.13　人生100年時代構想会議とりまとめ　　人づくり革命 基本構想
7月	2018.7.6　公布　　働き方改革を推進するための関係法律の整備に関する法律
2019（令和元年）　5月	2019.10.1　施行　　子ども・子育て支援法改正
	2020.4.1　施行　　大学等における修学の支援に関する法律
12月	2019.12.20　閣議決定　　長期ビジョン・総合戦略（第2期）
2020（令和2年）　5月	2020.5.29　閣議決定　　少子化社会対策大綱
12月	2020.12.15　閣議決定　　全世代型社会保障改革の方針
	2020.12.21　公表　　新子育て安心プラン
2021（令和3年）　5月	2022.4.1　施行　　子ども・子育て支援法及び児童手当法改正
12月	2021.12.21　閣議決定　　こども政策の新たな推進体制に関する基本方針
2022（令和4年）　2月	2022.2.25　閣議決定　こども家庭庁設置法案等を国会に提出

（資料）内閣府資料
（出典）内閣府（2022）『令和 4 年版 少子化社会対策白書』を一部修正

3　「子ども・子育て関連 3 法」に基づく新たな制度

(1)「子ども・子育て関連 3 法」の概要

「子ども・子育て関連 3 法」とは、幼児期の**学校教育**および**保育**(＊4)、地域の子ども・子育て支援を総合的に推進するために、2012（平成 24）年 8 月に成立し、2015（平成 27）年 4 月に施行となった、次の 3 つの法令の総称を示す。

① 子ども・子育て支援法：幼稚園と保育所で、別々になっていた公費負担のしくみを「施設型給付」として一本化し、小規模保育事業などを対象とした「地域型保育給付」を創設することで、地域の子ども・子育て支援の充実を図る。

② 認定こども園法の一部改正法（就学前の子どもに関する教育、保育等の総合的な提供の推進に関する法律の一部を改正する法律）：幼保連携型認定こども園における認可および指導監督を一本化する。

③ 関係法律の整備法：上記 2 つの法律を施行するに伴い、児童福祉法などの関係法律を改正する。

この3法案成立の翌年である2013（平成25）年12月には、新たに「持続可能な社会保障制度の確立を図るための改革の推進に関する法律」が公布された。同法第3条1項には、少子化対策として「子ども・子育て関連3法」と「子ども・子育て支援新制度」、ならびに「**待機児童解消加速化プラン**」(*5)を着実に実施していくことが規定された。

(2)「子ども子育て支援新制度」の概要

「子ども・子育て関連3法」を根拠法令として、新たな制度である「子ども・子育て支援新制度」が策定され、2015（平成27）年4月からスタートした。この「子ども・子育て支援新制度」とは、医療・介護の充実、年金制度の改善とともに子育ての分野も社会保障の枠組みのなかで考え、社会全体で子どもと子育て家庭を支援するしくみを示している。制度実施に向けた安定的な財源として、0.7兆円が子ども分野への財源として確保され、待機児童対策、幼児教育・保育の無償化、高等教育の無償化などの取り組みが進められていった。その結果、待機児童は一部の地域を除いて、ほぼ全域において解消するなど、一定の成果を挙げている。2010年代に入り、「社会保障と税の一体改革」の流れの中で、家族関係社会支出の対GDP比は、2013年度の1.13％から2020年度には2.01％まで上昇した（図表1-2）。しかし、高齢関係社会支出の9.11％と比較してみると、家族関係社会支出の伸びは小幅であることがわかる。以上のことからも、わが国では、子どものいる家庭に対するより一層の社会保障の充実が期待されている。

図表1-2　各国の家族関係社会支出の対GDP比の比較

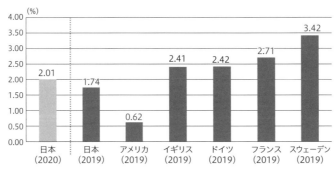

資料：日本は、国立社会保障・人口問題研究所「社会保障費用統計」（2020年度）、諸外国はOECD Family Database「PF1.1 Public spending on family benefits」より作成。

注1. 家族を支援するために支出される現金給付及び現物給付（サービス）を計上（決算額ベース）。

注2. 計上されている給付のうち、主なものは以下のとおり（国立社会保障・人口問題研究所「社会保障費用統計」巻末参考資料より抜粋）。

・児童手当……………現金給付、地域子ども・子育て支援事業費　　　　　　・雇用保険……………育児休業給付、介護休業給付等
・社会福祉……………特別児童扶養手当給付費、児童扶養手当給付費、保育対策費等　　・生活保護……………出産扶助、教育扶助
・協会健保、組合健保……出産手当金、出産手当附加金　　　　　　　・就学援助、就学前教育……初等中等教育等振興費、私立学校振興費等
・各種共済組合……………出産手当金、育児休業手当金等

※日本においては、2019年10月から、幼児教育・保育の無償化（平年度で約8,900億円）を実施。

2020年度は、新型コロナウイルス感染症対策に係る事業（子育て世帯臨時特別給付金、ひとり親世帯臨時特別給付金等）などの影響があることに留意。

※参考：各国の国民負担率（対国民所得比）は、日本（2022年度）46.5％、アメリカ（2019年）32.4％、ドイツ（2019年）54.9％、フランス（2019年）67.1％、イギリス（2019年）46.5％、スウェーデン（2019年）56.4％。（出典：財務省「国民負担率の国際比較」）

（出典）こども家庭庁（2023）「参考資料集」

(3)「子ども・子育て支援新制度」導入の背景

　少子化や核家族化がさらに進んだことで、子育て支援の重要性が広がり、これまで高齢者世代に偏っていた社会保障を全世帯対応型（社会保障3経費→子ども・子育てを含む4経費）に変える必要が生じたといえる。加えて、地域コミュニティの希薄化によって、子どもが親以外の大人とかかわりをもつ機会が減少しただけでなく、子ども同士が、群れ遊びなどを通じて育ち合う環境も激減した。他方、子どもを育てる保護者にとっても、育児の支え手がいないことが育児不安や育児ストレスの要因となっている。そのため、すべての子ども・子育て家庭を社会全体で支援することの必要性が出てきたのである。

　さらに、近年の乳幼児をもつ就労世帯数の増加に伴い、ますます保育需要が高まっている。ちなみに、厚生労働省が実施した2021（令和3）年の国民生活基礎調査によれば、18歳未満の子どもがいる世帯における母親の仕事の有無について、「仕事あり」が75.9％と、調査を開始した2004（平成16）年以降、過去最高となっていることが示されている。また、「仕事あり」を100とした内訳をみてみると、「正規の職員・従業員」39.0％、「非正規の職員・従業員」49.2％であり、パートやアルバイトの割合が高くなっていることが明らかとなっている。低賃金と不安定な働き方が子育てを困難とする要因にもなり得ることから、非正規雇用者の正社員化など子どもを安心して育てられる働き方の変革についても、継続して対応しなければならない課題となっている。

　さらに、上記のことと関連して、世帯間格差や**「子どもの貧困率」**[*6]の高まりも社会問題化していることから、子どもに対するより公平な教育システムの構築が急がれる。子どもや子育て家庭への公的投資が高い国は、子どもの「教育を受ける権利」を保障しており、そのことが社会の安定や出生率の向上につながっている（平和政策研究所，2017）。このような諸外国の先行事例は、わが国の制度導入に大きな影響をもたらしており、2019（令和元）年10月からはじまった**「幼児教育・保育無償化」**[*7]にもつながっている。

(4)「子ども・子育て支援新制度」の要点

　2012年より基盤が整えられ、2015年よりスタートした「子ども・子育て支援新制度」（以下、新制度）の目的は、① 教育・保育の質的改善、② 保育の量的拡大、③ 地域における子ども・子育て支援の充実、の3点である。

1)「全世代型の社会保障」という政策の方向性

　子ども・子育て支援を充実させることは、未来への投資であり、社会保障の持続可能性につながることから、全世代型の福祉サービスへの転換が進められた。新制度では、各家庭の保育・教育ニーズを把握するしくみが導入されたが、保育の必要性の有無にかかわらず、何らかの支援サービスが利用できるようになった。

　さらに、従来の施設補助形式から利用者補助形式への転換（保護者に対する個人給付を基礎とし、確実に利用施設へ費用が払われるよう各市町村が代理で受領する形式への移行）がなされ、子どもおよび子育て財源の共通化が図られた。

2）教育・保育の必要性に関する認定

　上記で示したように新制度のもとでは、幼児教育や保育サービスを受けようとする保護者は、居住する基礎自治体に「保育の必要性」に関する認定申請をすることになる。新制度施行以前では、保護者が認可保育所を利用する場合、「保育に欠ける」ことが利用の要件となっていた。そのため、具体的な「保育の必要量」については判定がなされてこなかった。一方、新制度においては長時間認定と短時間認定とに利用者層が分けられ、それに伴って認定保育の必要量についても判定されるように変わった。また、「保育に欠ける」という要件自体もなくなり、新制度では「保育の必要な事由」とされている。

　上記のほか、待機児童の発生状況や各家庭のケースごとに「優先利用」を可能とするしくみが、自治体ごとに取り入れられている。たとえば、①ひとり親家庭、②生活保護世帯、③生計中心者の失業により、就労の必要性が高い場合、④虐待やDVのおそれがある場合など社会的養護が必要とされる場合、⑤子どもが障害を有する場合、⑥育児休業明け、⑦きょうだいが同一施設の利用を希望する場合、⑧小規模保育事業などを利用していた場合、⑨その他、市町村が認める事由が「優先利用」に該当する。

3）新制度のなかの保育

　新制度とは、保育や学校教育、地域の子育て支援の量の拡充及び質の向上を進めるためにつくられた制度となる。新制度によって保育所や幼稚園など教育や保育の施設が増え、待機児童を減らすということや、家庭への子育て支援を手厚くすることで、子育てしやすい地域づくりが推進された。新制度では新たに施設型給付と地域型保育給付が設備されたことで、小規模保育所も補助金が出される仕組みとなった。このように、保育の量を拡充しながら、保育や支援を必要とする全ての家庭が利用できるように、保育施設や事業が増えていった。子どもたちが就学前に教育や保育を受ける新たな選択肢としては、認定こども園と地域型保育事業があげられる。認定こども園は、教育・保育を一体的に行うことを強みとし、3歳から就学前の子どもが、保護者の就労の有無に問わず利用できるようになった。他方、地域型保育事業とは、待機児の多い0から2歳児の子どもを対象にし、19人以下の子どもの保育事業を行っている。

4）企業主導型保育事業

　企業主導型保育事業は、2016年（平成28）年度に従業員の多様な働き方に合わせて保育を提供する企業や、その従業員を支援することを目的に内閣府が開始した助成制度である。夜間や短時間、土日や週2日などの勤務体制など、あらゆる働き方に対応した保育サービスを提供している。事業主拠出金を財源とし、一定の条件を満たすことで助成金が支給されることがこの事業の仕組みである。認可保育所と同等となる最大95％の整備費や運営費に対する助成を受けられることが特徴となっている。企業主導型保育事業の保育所は、企業が設置する保育施設であり、単独設置としてだけでなく、複数企業によって共同設置ができる。この他、運営自体を保育事業者に委託することも可能となっている。

　保育の対象は企業で働く従業員の子どもで、対象年齢に制限はない。さらに、定員の2分の1の範囲で地域枠を設けることができ、地域に住む子どもの保育にも対応している。

似たような事業として、事業所内保育がある。企業主導型保育事業との主な違いは、認可の有無となっている。事業所内保育所は、認可保育所に分類され、地域型保育事業の中に位置づけられている。つまり、市区町村の認可を受けて実施しているということになる。これに対し、企業主導型保育所は、認可外保育施設に位置づけられる。企業と利用者は直接契約を結び、企業は自治体の認可を受けることなく、保育所を運営することができる。また、対象とする子どもの年齢も異なる。事業所内保育事業は、待機児童解消のために創設されたこともあり、制度上の対象年齢は0〜2歳児となっている。

5）新制度の成果と残された課題

すべての子どもに良質な育成環境を保障するためには、「就労・結婚・妊娠・出産・育児」などの各段階の支援を切れ目なく行い、子ども・子育て支援の量的拡大と質の向上がめざされなければならない。新制度においては、厚生労働省や文部科学省など別々の所管でなされてきた政策が総合的に一本化する方向となり、「現物給付」から「個人給付」へと改変した。

また新制度では、幼稚園と保育所を一体化する「幼保連携型認定こども園」を推進し、地域子育て支援事業の充実も併せて図っていくことで、すべての子どもに対する教育および保育の保障をしていけるようにした。

「待機児童解消加速化プラン」では、特に首都圏における0歳〜2歳児対象の保育事業が強化されてきたことから、待機児も解消してきており、「量の確保」ができるようになってきた。今後は、保育者の配置基準の見直しを含めて、保育や教育、子育て支援における「質」の向上にむけて考えていく必要がある。行政的なレベルでは「子ども・子育て会議」[*8]などがあるが、一人ひとりの保育者も、積極的にこれらの議論に参加し、関心をもつことが重要である。猪熊（2014）は、各自治体がどれほど新制度のなかで、子育て分野に力を注いでいくかで、地域ごとの子育て力が大きく変わってくると述べている。

4 　児童福祉法の改正

令和4年6月8日に、「児童福祉法等の一部を改正する法律案」が参議院本会議で可決・成立に至った。改正の趣旨として、児童虐待の相談対応件数の増加など、子育てに困難を抱える世帯がこれまで以上に顕在化してきている状況等を踏まえ、子育て世帯に対する包括的な支援のための体制強化の必要性が示された。以下の改正は、一部を除いて、2024（令和6）年4月1日より施行される。

1. 子育て世帯に対する包括的な支援のための体制強化及び事業の拡充（児童福祉法、母子保健法）

①全ての妊産婦・子育て世帯・子どもの包括的な相談支援等を行う、こども家庭センターの設置や、保育所等における相談機関の整備に努める。②訪問による家事支援、児童の居場所づくりの支援、親子関係の形成の支援等を行う事業をそれぞれ新設する。③児童発達支援センターが地域における障害児支援の中核的役割を担うことの明確化や、障害種別にかかわらず障害

児を支援できるよう児童発達支援の類型を一元化する。

　2．一時保護所及び児童相談所による児童への処遇や支援、困難を抱える妊産婦等への支援の質の向上（児童福祉法）

　①一時保護所の設備・運営基準を策定し、環境改善を図る。児童相談所による支援強化として、民間との親子再統合事業、里親支援センターの児童福祉施設としての位置づけ等を行う。②困難を抱える妊産婦等に一時的な住居や食事提供、養育等に係る情報提供等の実施。

　3．社会的養育経験者・障害児入所施設の入所児童等に対する自立支援の強化（児童福祉法）

　①年齢による利用制限の弾力化。社会的養育経験者等を支援する拠点の設置。②障害児入所施設の入所児童等が地域生活等へ移行する際の責任主体の明確化や22歳までの入所継続を可能とする。

　4．児童の意見聴取等の仕組みの整備（児童福祉法）

　児童相談所等は入所措置や一時保護等の際に児童の最善の利益を考慮しつつ、児童の意見・意向を勘案して措置を行うため、児童の意見聴取等の措置を講ずる。

　5．一時保護開始時の判断に関する司法審査の導入（児童福祉法）

　児童相談所が一時保護を開始する際に、親権者等が同意した場合等を除き、事前又は保護開始から7日以内に裁判官に一時保護状を請求する等の手続を設ける。

　6．子ども家庭福祉の実務者の専門性の向上（児童福祉法）

　児童虐待を受けた児童の保護等の専門的な対応を要する事項について十分な知識・技術を有する者を新たに児童福祉司の任用要件に追加する。

　7．児童をわいせつ行為から守る環境整備（性犯罪歴等の証明を求める仕組み〔日本版DBS〕の導入に先駆けた取組強化）（児童福祉法）

　児童にわいせつ行為を行った保育士の資格管理の厳格化を行うとともに、ベビーシッター等に対する事業停止命令等の情報の公表や共有を可能とするほか、所要の改正を行う。

　以上のように、子育て世帯に対する包括的な相談や支援に関わる体制を強化していく方向性が改正法案には示されている。つまり、各基礎自治体において、子育て世代が気軽に相談できる機関を整備するよう、これまで以上に努めていかなければならなくなる。とりわけ、保育所を利用していない家庭の孤立化とそれに伴う相談窓口の少なさが問題になることから「かかりつけ相談窓口」としての機能強化が各保育所に対して求められていく。

　加えて、児童相談所が虐待を受けた子どもを「一時保護」する際に、親の同意がない場合には、「司法審査」を導入し、その判断を裁判所が行っていくことになる。また、基礎自治体が児童虐待などに対応する児童福祉司を任用する要件として、認定資格などを新たに創設し、職員の専門的な知識・技術の向上に向けて研修受講を求めることとしている。

　他方、児童養護施設などで暮らす子どもや若者に対する自立支援については、原則18歳・最長22歳までとしてきた年齢制限を撤廃する。さらに、子どもに対するわいせつな行為などを理由に保育士の登録を取り消された者への再登録については厳格化されるようになる。

5　こども家庭庁の創設

(1)「こども家庭庁」関連法・「こども基本法」の成立

　前述の通り、参議院本会議において、2022（令和4）年6月8日に「児童福祉法等の一部を改正する法律案」が可決・成立し、続いて6月15日には、「こども家庭庁設置法」「こども基本法」がそれぞれ可決・成立した。その背景には、少子化の進行、児童虐待、いじめの認知件数の増加、子どもの自殺者数の増加、体罰や校則など人権侵害行為の問題、不登校問題、教育格差や競争主義的な教育の広がりとともに、子どもに対する保育・教育者のわいせつ行為など、子どもが生きにくい環境となっていることがあげられる。こうした現状を受け、子どもや子育て中の家庭に対する包括的な支援を実施することで、「子どもの最善の利益」を優先して考慮できるよう基本理念の法制化が進められた。つまり、これらの法整備によって、子どもの権利擁護が強化され、子どもの命を守る体制強化と子どもの目線に立った教育及び成育環境の整備、Well-being保障という観点がさらに重要視されるようになっている。

(2) こども政策の新たな推進体制に向けて

　2023（令和5）年4月、「こども政策の新たな推進体制に関する基本方針」に基づいて「こども家庭庁」が設置された。この基本方針では、「こどもまんなか社会」の実現に向けて、常にこどもの視点に立つとともに、こども政策に強力かつ専一に取り組む独立した行政組織が必要であるとし、「こども家庭庁」がその役割を担う。2022（令和4）年6月15日に国会で可決・成立した「こども家庭庁設置法」については、整備法とともに制定され、内閣府の外局として「こども家庭庁」を設置する。また、長官を国務大臣とすることで、子ども関連の統合調整機関としての権限を持たせていく。

1) 子どもの権利を守るために

　わが国は、1994年に子どもの権利条約を批准している。しかしながら、これまで日本政府は、現行法で子どもの権利は守られているとの立場を取り、これまで子どもに関する独立した法律を策定してこなかった。現代の日本社会では、子どもの生きづらさや成育環境の悪化が問題視されている。このような日本の状況においては、子どもの権利条約における「子どもの権利条約」の一般原則である、①生命、生存及び発達に対する権利（命を守られ成長できること）、②子どもの最善の利益（子どもにとって最もよいこと）、③子どもの意見の尊重（意見を表明し参加できること）、④差別の禁止（差別のないこと）の4原則から照らして考えてみても、子どもの権利が十分に守られているとは言い難い。とりわけ、わが国においては、子どもの意見の尊重や子どもの最善の利益の確保、差別の禁止に関わる分野の取り組みが遅れてきた。

2)「こども基本法」の制定

　2016年の児童福祉法改正で、その理念に子どもの意見の尊重や「子どもの最善の利益」の優先が明記された。だが、これまで国家として子どもに関わる法律を束ねるような一つに集約された子ども関連法の制定されることはなかった。そこで、子どもの権利に関する国としての

方針および、子どもの権利保障のための原理原則が定められる必要があり本法の制定に至った。すなわち、憲法や国際法で規定されている子どもの権利を、総合的に保障する「基本法」が不可欠であるということになる。本基本法では、子どもを権利の主体者として捉え、子どもの権利条約の一般原則をはじめとした子どもの権利を社会全体で守っていくという姿勢がようやく明示されることとなった。

　とかく弱い立場に置かれ、意見を自由に表現することが大人と比較して困難となる子どもたちの声を聴取し、政策に反映させていくことが大切になる。つまり、子どもの人権を遵守していけるように、子どもの思いを代弁したり、擁護したりしていく大人からの働きかけが重要ということになる。「こども基本法」における「こども」の定義は、18歳や22歳といった年齢で区切られておらず、より包括的な枠組みでとらえられている。すなわち、「こども」とは、心身の発達の過程にある者とされ（下線は筆者）、若者を含めた広義としての「こども」を示している。

3）子どもの課題を解決するプラットホームとして

　「こども家庭庁」では、各府省庁に分かれているこども政策に関する総合調整権限を一本化していく。これまでの子どもと関連する法律をみてみると、「児童福祉法」「母子保健法」「教育基本法」「少年法」「児童虐待防止法」「子どもの貧困対策推進法」「成育基本法」「子ども貧困対策推進法」などと同じ子どもの案件であっても内容によって所管が異なっていた。つまり、一元的な司令塔として機能する府省庁がなかったということになる。そのため、「こども家庭庁」を内閣府の外局として設置し、より横断的な動きが図られるような仕組みが目指されていく。「こども家庭庁設置法」の2条では、「こども家庭庁は、心身の発達の過程にある者が自立した個人としてひとしく健やかに成長することのできる社会の実現に向け、子育てにおける家庭の役割の重要性を踏まえつつ、こどもの年齢及び発達の程度に応じ、その意見を尊重し、その最善の利益を優先して考慮することを基本とし、こども及びこどものある家庭の福祉の増進及び保健の向上その他のこどもの健やかな成長及び子育て支援並びにこどもの権利利益の擁護に関する事務を行うとともに、当該任務に関連する特定の内閣の重要政策に関する内閣の事務を助けることを任務とする」と明示され、年齢や制度の壁を越えた支援が行えるように向かっていく（図表1-3）。この図表で示されている、点線の囲み部分がこども家庭庁を所管とし、下線部分が新規事業として加わる。ここからも、子どもや子育て家庭の福祉や権利に関する「強い司令塔機能」としての役割がこども家庭庁に期待されていることが理解できるであろう。

4）こども家庭庁の3つの担当部門

　強い司令塔としての機能をもたせるための方法として、こども家庭庁の内部部局は以下の通り「企画立案・総合調整部門」「成育部門」「支援部門」の3部門に分かれ、取り組みがなされる。

①企画立案・総合調整部門：データや統計を用いて子どもの視点に立った政策の立案や広報・情報発信をする部門となる。こどもや若者（当事者）の意見を聴く場を設定する。デジタル庁と連携し、こどもや家庭に支援を届けるためのデータベースの整備を行う。

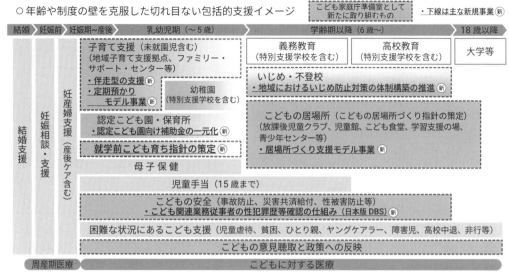

図表1－3　こども家庭庁における包括的支援体制のイメージ

（出典）内閣官房子ども・子育て本部「令和5年度における子ども・子育て支援新制度に関する予算案の状況について」

②成育部門：妊娠・出産からの切れ目ない子育て支援を行い、就学前のすべてのこどもの育ちの保障していく部門となる。幼稚園・保育所・認定こども園の教育・保育内容の基準策定や児童手当の支給。相談対応や情報提供を充実し、すべてのこどもの居場所づくりを推進する。性的被害の防止、事故防止、予防のための死亡検証（CDR）等の検討を行う。

③支援部門：困難を抱えるこどもや家庭に対して包括的に支援を行う部門となる。児童虐待やいじめの防止対策、不登校対策を強化する。また、社会的養護の充実及び自立支援、こどもの貧困対策、ひとり親家庭の支援、障害児支援を担当する。

　以上の記述からも、「こども家庭庁」は、子どもの権利を実現するための機関として、当事者となる子どもの意見や権利を反映させていくことが強調されていることがわかる。

5）こども家庭庁の創設とこれから

　子どもや家庭、子どもの成育環境への支援を強化し、子どもの権利擁護が図られるための包括的な支援を実施するために、「こども基本法」が制定された。そして、2023年4月から新たに「こども家庭庁」が創設された。

　「こども基本法」では、こども家庭センターの設置の努力義務化、一時保護開始時の要件及び手続の整備、入所措置や一時保護の決定時における児童の意見聴取等の手続の整備、児童自立生活援助の対象者の年齢制限の緩和、児童に対するわいせつ行為を行った保育士の再登録手続の厳格化等の措置などを中心として、総合的かつ横断的な子ども政策の実現が本格化していく。

　今後は、「こども家庭庁」創設を契機に、すべての子どもを誰ひとり取り残さないという強い意志と子どもが参画することの意義（子ども参加のイメージも含めて）を市民レベルで共有しあい、わが国に少しずつでも浸透させていくことが重要となるであろう。

子どもの意見を聴くときに、あなたが大切にしたいことは何だろう。

個人やグループで考えてみましょう。

キーワード

少子化対策　次世代育成支援対策推進法　子ども・子育て関連 3 法　子ども・子育て支援新制度

こども家庭庁　こども基本法

注・用語解説

*1〔合計特殊出生率〕　人口統計上の指標であり、15 歳から 49 歳までの出産年齢人口に該当する女性の年齢ごとの出生率を合計した数値をいう。つまり、1 人の女性が生涯産む子どもの数を示す。

*2〔次世代育成支援対策推進法〕　次代の社会を担う子どもが健やかに生まれ、育成される環境を整備するために、国、地方公共団体、企業、国民が担う責務を明らかにし、2005（平成 17）年 4 月 1 日から施行されている。この法律において、企業は、従業員の仕事と子育てに関する「一般事業主行動計画」を策定することとなっており、常時雇用する従業員が 101 人以上の企業は、この行動計画を策定し、その旨を都道府県労働局に届け出ることが義務とされている。また、企業の自発的な次世代育成支援に関する取組を促すため、行動計画に定めた目標を達成するなどの一定の基準を満たした企業は、申請することにより、厚生労働大臣の認定（くるみん認定）を受けることができる。次世代法は 2014（平成 26）年度末までの時限法として制定されたが、2014 年に改正され、法律の有効期限が 10 年間延長されるとともに、2015（平成 27）年 4 月 1 日から新たな特例認定（プラチナくるみん認定）制度が創設された。

*3〔幼保一体給付〕　幼児教育・保育に関する財政措置に関する二重行政の是正や、公平性を図るため、幼児教育・保育給付と保育給付が一体化された。

*4〔学校教育／保育〕　「学校教育」とは、学校教育法に位置づけられる小学校就学前の子どもを対象とする教育（幼児期の学校教育）を指し、「保育」とは児童福祉法に位置づけられる乳幼児を対象とした保育を指す。

*5〔待機児童解消加速化プラン〕　2013 年 4 月に発表された待機児童解消に向けた計画のこと。2014 年度から 2017 年度までの 5 年間で 50 万人分の保育の受け皿を確保する目標を掲げた。

*6〔子どもの貧困率〕　厚生労働省の定義によると、「子どもの貧困」に該当するのは、世帯当たりの可処分所得分布の中央値の半分（貧困線）に満たない 17 歳以下の子どもの割合を示す。

*7〔幼児教育・保育無償化〕　「幼児教育・保育無償化」とは、2018 年 12 月に閣議決定された「新しい経済政策パッケージ」にて取り上げられた施策のひとつである。「幼児教育・保育無償化」では、3〜5 歳のすべての幼稚園・保育所に通う子どもと 0〜2 歳の保育所に通う住民税非課税世帯の子どもについて、利用料を無料化する方針が示された。なお、給食費などの実費は、原則利用者負担とされている。

*8〔子ども・子育て会議〕　有識者、地方公共団体、事業主代表、労働者代表、子育て支援当事者が子育て支援の政策プロセスなどに参画・関与できる仕組みのこと。

ブックガイド

佐藤純子・今井豊彦ほか編著（2015）『早わかり 子ども・子育て支援新制度』ぎょうせい出版 ▶ 2012 年 8 月に成立した「子ども・子育て関連 3 法」に基づく「子ども・子育て支援新制度」について、制度策定の背景から制度の全体像、運用のポイント、今後の流れと課題を保育所、幼稚園、認定こども園、地域子育て支援などの各現場の視点をふまえながら、わかりやすく解説している。

内閣官房 こども家庭庁設立準備室（2022）「こども家庭庁について」 ▶子ども向け資料として子どもにも理解

しやすい言葉を用いて、こども家庭庁の以下の6つの方針が説明されている。(1) こどもや子育てをしている人の目線に立った政策を作ること、(2) すべてのこどもが心も身体も健康に育ち、幸せになること、(3) だれひとり取り残さないこと、(4) 政府の仕組みや組織、こどもの年齢によって、こどもや家庭への支援がとぎれないようにすること、(5) こどもや家庭が自分から動かなくても、必要な支援が届くようにすること、(6) こどものデータを集め、それをしっかり政策にいかすこと。この方針からは、子どもの目線に立った政策展開こそ、「子どもの最善の利益」につながっていくとする政策的メッセージが伝わってくる。

内閣府 こども家庭庁(2017 改訂版)「すべてのこども・おとなに知ってほしい　こども基本法とは?」 ▶こども基本法は、こどもや若者に関する取り組み（こども施策）を進めていく上で基本となることを決めた法律である。このパンフレットでは、こども基本法について、様々な人に知ってもらえるよう、イラストとともに、シンプルな言葉や表現を使用して解説している。上記とともに「やさしい版」の2種類が提供されている。子どもの権利について知るための導入教材にもなるだろう。(https://www.cfa.go.jp/resources/)

（佐藤　純子）

本章のポイント

●生活と社会資源との関係を理解する。
●子育て家庭を支える社会資源について理解する。

1　生活と社会資源との関係

　わたしたちの生活は、問題がなく順調に日々を送れることもあるが、時として、どうすることもできない不安を感じたり、自分や家族だけでは解決することができない生活上の課題を抱えてしまうこともある。日々の保育や子育てに関する相談支援などによって、緩和したり解決したりする不安や悩みもあるが、それだけでは解決することができない課題を抱える家族も少なくない。子どもの育ちや保護者の子育てを支える保育者には、子どもや保護者が抱える様々な不安や悩みに寄り添い、一人ひとりにとってのよりよい生活へと導くことが求められている。

　特に、保育者が保育を通して遭遇する課題は、子どもの発育や障害、虐待、貧困などの経済的問題、保護者自身の健康や障害の問題、家族内の人間関係など多様であり、また複数の生活課題が関係していることも少なくない。さらに、子育てに加えて、親世代の年齢によっては祖父母の介護を行う役割を担う可能性もあり、このような場合は支援者である保育者一人、あるいは保育所などの一機関のサービスのみで解決することは非常に困難である。

　多様で複雑さを増している子育て家庭の問題を解決するために必要となるのが、社会資源の活用である。子どもや保護者の状況を把握し、その家庭が抱える生活課題を解決するためにはどのような社会資源を活用することができるかを想定し、生活を支えるために適切な社会資源とつなげていくことが、保育者の重要な役割となる。そのため、わたしたちの生活を支える社会資源に精通しておくことが、保育者としての必須の知識であることを認識しなくてはならない。

2　社会資源とは

　わたしたちは、生活課題の有無にかかわらず、様々な社会資源を活用しながら生活を送っている。社会資源を有効に活用することは、わたしたちが生活を送る上で不可欠な要素である。しかし、日々の生活のなかで、利用している社会資源を意識することは少なく、そもそもどのような社会資源が存在し、どのようなときに、どうすれば利用できるのかを明確に把握している人は少ないだろう。

　社会資源とは、「生活上のニーズを充足する様々な物資や人材、制度、技能の総称。社会福

祉施設や介護サービス、社会生活に関する情報提供なども含まれる」ものである（小野，2013：153）。また、社会資源は、フォーマルな社会資源と、インフォーマルな社会資源に分類することができる（図表2-1）。

図表 2-1　社会資源の種類

	定　義		特　徴	実施主体
フォーマル	制度化された社会資源（行政サービス、公的サービスを提供する民間組織によるサービス）	長所	・最低限のサービスが保障される。 ・経済的能力に応じて提供される。 ・公平性がある。	法律や制度、児童相談所、保健所、役所、民生委員、児童委員、社会福祉法人、非営利団体など
		短所	・画一的なサービスとなりやすい。	
インフォーマル	制度化されていない社会資源（法律・制度に則らないサービス、善意を中心に成り立つ）	長所	・柔軟な対応が可能である。 ・情緒面での支援に大きく貢献できる。	家族、親戚、里親、友人、知人、近隣の人、ボランティア、など
		短所	・専門性が低く安定性、継続性に弱さがある。	

（出典）西村・青井（2019：84）を一部改変

　フォーマルな社会資源は、一定の手続きと受給要件を満たしていれば誰でも利用できる、社会的に用意されたサービスである。制度化されており、行政、社会福祉法人、NPO法人などにより提供されるサービスや、専門職といった人的資源や専門職からの支援などがある。

　フォーマルな社会資源としては、①法律、条例、社会制度としての資源（子ども家庭福祉に関する法律、条例、制度など）、②専門的な公的機関や施設（児童相談所や保健所、警察署など行政の機関や施設）、専門的な民間機関や施設（民間団体が運営する保育所や児童発達支援事業所、子育て支援センターなど）、③公的な人的資源（保育士、社会福祉士、医師、保健師、弁護士、児童委員など）、④地域の資源を利用するための資源（交通輸送機関、子育てに関する情報など）があげられる。

　インフォーマルな社会資源は、制度に基づいた公的な社会資源とは異なり、子どもや保護者の親戚、近隣の人、友人などの人的資源が中心となる。また、住民組織が運営している活動や同じ目的をもつサークルなどがそれにあたる。子どもや保護者に身近な存在であるため、気軽に活用できる点がメリットである。

　フォーマル／インフォーマルどちらの資源も、利用する子育て家庭が自ら情報を得て、選んで活用することもあるが、情報を手に入れることができず資源そのものの存在を知らないということもあり得る。

3　多様な社会資源

　子どもや子育て家庭が利用することができる社会資源には、様々なものがある。社会資源のなかには、生活や子育てにおいて何らかの困難が生じたときに利用するものもあれば、公園や図書館などの日常生活のなかで、必要に応じて利用するものもある。図表2-2に、子どもや子育て家庭にかかわる地域の資源を、目的機能別にまとめた。

図表 2-2　子どもや子育て家庭にかかわる地域の資源

目的機能	社会資源	目的機能	社会資源
相談支援	市町村役場 児童相談所 福祉事務所（家庭児童相談室） 保健所・市町村保健センター 子ども家庭支援センター 女性相談支援センター・配偶者暴力相談センター 警察（署）　　　　　　　　　　　　　　　など	地域における活動	社会福祉協議会 民生委員・児童委員 自治会・町内会・子ども会 登下校の見守り活動 ボランティア活動 子ども食堂 子育てサロン・子育てサークル 消防団・防災活動　　　　　　　　　　　など
生活支援 保　育 医療療育等	児童福祉施設（乳児院、児童養護施設、母子生活支援施設、保育所、障害児入所施設、児童発達支援センターなど） 子育て支援事業 女性自立支援施設 病院　　　　　　　　　　　　　　　　　　など	経済的支援	生活保護 社会手当（児童手当・児童扶養手当・特別児童扶養手当） 母子父子寡婦福祉資金貸付金 各種奨学金制度　　　　　　　　　　　　など
教　育 文　化	教育委員会 幼稚園・小学校・中学校・高等学校・特別支援学校・大学 図書館・公園・公民館・美術館・博物館　など	就労支援	公共職業安定所（ハローワーク・マザーズハローワーク） 母子家庭等職業・自立支援センター 　　　　　　　　　　　　　　　　　　　など
司　法	家庭裁判所 法テラス 地域の弁護士会　　　　　　　　　　　　　など	伝統行事 自然・風土	季節の行事・祭り・催事 地域の自然環境 　　　　　　　　　　　　　　　　　　　など

（出典）秋田・馬場監修（2019：90）を参考に筆者作成

(1) フォーマルな社会資源

1) 相談支援を目的とする社会資源

　① 児童相談所　児童相談所は、児童福祉法に基づき都道府県および指定都市に設置されている、子どもの様々な問題に対応する専門機関である。2016（平成 28）年の児童福祉法の改正により、特別区も児童相談所を設置できることとなった。児童相談所は、子どもや家庭からの専門的な知識・技術を要する相談に応じ、必要な調査、判定を行う。それに基づき、子どもや保護者への指導、児童福祉施設への入所措置などを行っている。

　児童相談所が対応する相談内容は、障害相談、育児やしつけなどの育成相談、虐待などの養育環境に関する養護相談、非行相談、保健相談など多岐にわたっており、近年養護に関する相談が多くなっている（図表 2-3, 2-4 参照）。

　児童相談所の業務の中核を担っているのが児童福祉司で、子どもや保護者からの相談に応じ、調査および判定に基づいて指導などを行っている。また、心理判定を行う児童心理司や小児科・精神科の医師、一時保護所には児童指導員や保育士が配置され、子どもを保護し生活を支援するとともに、行動観察を行っている（第 9 章も参照）。

　② 福祉事務所（家庭児童相談室）　福祉事務所は、社会福祉法に「福祉に関する事務所」と規定され、都道府県および市（特別区）に設置されている（町村は任意設置）。福祉六法に定められている援護、育成または更生の措置に関する事務を司っており、社会福祉主事がこれらの業務

を担っている。

　また、福祉事務所が行う子どもや家庭に関する専門的技術を必要とする相談指導業務を充実・強化するために、家庭児童相談室が設けられている。家庭児童相談室での相談指導の業務は、家庭相談員が行っている。

　さらに、福祉事務所には、母子及び父子並びに寡婦福祉法に基づき、母子・父子自立支援員が配置され、ひとり親家庭への相談や情報提供、求職活動に関する支援を行っている。

　③ 保健所・市町村保健センター　保健所は地域保健法に基づき、都道府県、指定都市、中核市、特別区に設置されており、保健所が行う事業は多岐にわたっている[*1]。さらに、市町村には、市町村保健センターを設置することができるとされており、地域住民に対する健康相談、保健指導および健康診査、その他地域保健を担っている。

図表 2-3　児童相談所および市町村における
児童相談受付件数（2021 年）

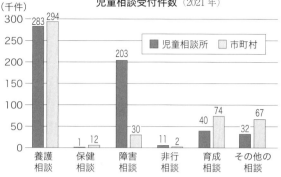

（出典）厚生労働省 (2024)「令和 4 年度 福祉行政報告例」より筆者作成

図表 2-4　児童相談所における相談の種類別対応件数
（2021 年）（%）

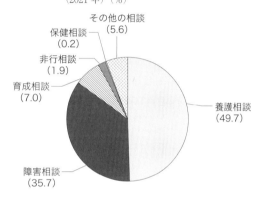

（出典）厚生労働省 (2024)「令和 4 年度 福祉行政報告例」より筆者作成

　子どもの育ちに関係する事柄としては、母性および乳幼児の保健に関する事項についての事業を行うこととされているが、具体的には母子保健法に定められている。市町村保健センターは、妊産婦・乳幼児の健康診査、母子健康手帳の交付、妊産婦・新生児や未熟児の訪問指導などの基本的な母子保健サービスを行っている。

　保健所や市町村保健センターには保健師が配置され、妊産婦や子どもへの保健指導、訪問指導などを行っている。

　④ こども家庭センター　2016（平成 28）年の法改正により、母子保健法に母子健康包括支援センター（子育て世代包括支援センター）として定められた機関であるが、2022（令和 4）年の児童福祉法の改正により、児童福祉法に規定される子育て家庭総合支援拠点と母子保健事業の子育て世代包括支援センターの見直しが行われ、すべての妊産婦、子育て世帯、子どもに対する相談支援を行う機関として市区町村にこども家庭センターが設置された。保健師が行う各種相談と子ども家庭支援員が行う子どもなどに関する相談を一体的に行うとともに、支援を要する子ども、子育て家庭や妊産婦へのサポートプランを作成する。さらに、地域の様々な資源による支援メニューにつなぐ機能を担う。妊産婦や子どもに対して切れ目のない支援を提供す

ることにより育児不安や虐待の予防を目指している。

⑤ 児童家庭支援センター　児童福祉施設のひとつである児童家庭支援センターは、専門的な知識および技術を必要とする地域の子どもに関する相談、指導、援助に応じたり、市町村への技術的助言や援助を行ったり、要保護児童やその家庭への指導、里親への相談支援などを行っている。

⑥ 女性相談支援センター・女性相談支援員・女性自立支援施設　女性相談支援センターは、2022（令和4）年に制定された「困難な問題を抱える女性への支援に関する法律」[*2]に定められる行政機関で、都道府県に設置義務がある。本法律が制定される以前は、「売春防止法」に婦人相談所として規定されていたが、支援の対象と目的を「売春を行うおそれのある女子の更生」から「困難な問題を抱える女性への支援（以下、「困難女性」）という」へと抜本的に転換した。女性相談支援センターは、困難女性への相談、女性相談支援員や相談機関の紹介、緊急時における困難女性やその家族の安全の確保や一時保護、心身の健康の回復を図るための援助、自立生活に向けた情報の提供や助言、関係機関との連絡調整などを行う。女性相談支援員は、困難女性の早期発見、相談援助を行う職員である。女性自立支援施設は、困難女性の入所、保護を行うとともに、心身の健康の回復のための援助や自立支援を行う施設で、困難女性が監護する児童の学習や生活支援も行う。

2）児童福祉施設

児童福祉法には、13の児童福祉施設が定められている。児童福祉施設はその目的や機能により利用形態が異なり、通所施設、入所施設、利用施設がある（図表2-5）。それぞれの施設には、「児童福祉施設の設備及び運営に関する基準」に基づき施設の機能に応じた様々な専門職が配置されており、子どもの保育や養育、支援、療育等を行っている。

児童発達支援センターは児童福祉法に規定される児童福祉施設のひとつで、未就学の障害児へ、日常生活における基本的動作の指導、自活に必要な知識や技能の付与または集団生活への適応のための訓練を実施している。さらに、施設の有する専門性を活かして地域の障害児や家族への相談支援や**保育所等訪問支援**[*3]を行うなど、地域の療育において中核的な役割を担っている。

また、2024（令和6）年より児童福祉施設として新たに里親支援センターが加わり、里親支援事業のほか、里親、里親に養育される子どもや里親希望者への相談援助を行う。

図表 2-5　利用形態別にみる児童福祉施設

通所施設	入所施設	利用施設
保育所 幼保連携型認定こども園 児童発達支援センター	乳児院 母子生活支援施設 児童養護施設 障害児入所施設 児童心理治療施設 児童自立支援施設	児童厚生施設 助産施設 児童家庭支援センター 里親支援センター

（筆者作成）

3）教育機関

幼稚園・こども園、小中高等学校、特別支援学校および大学などは、学校教育法に基づく教育機関である。幼稚園、小中高等学校、特別支援学校では、教育職員免教法に定められる教育職員が勤務し、教育や保育を行っている。

幼稚園やこども園では、園独自に地域の子育て家庭への施設開放や子育て・教育相談などを行っている。

また、地域の自治体の図書館では、絵本の読み聞かせなど子育て家庭を対象としたイベントを行っている。子どもが児童文化に触れる機会となるだけではなく、1対1で向き合う子育てから保護者が解放される時間となったり、子育て家庭が交流する場にもなっている。

4）児童委員・主任児童委員

児童委員は、児童福祉法に基づき市区町村の区域に配置され、行政の協力機関である民間の奉仕者である。児童委員は民生委員法に定める民生委員を兼務しており、都道府県知事の推薦により、厚生労働大臣に委嘱される。児童委員から選任された主任児童委員は、担当区域をもたず、関係機関と各児童委員との連絡調整などを行っている。民生・児童委員が行う子どもや子育て家庭に関する相談支援は、すべての相談支援のうち2割程度となっている（図表2-6, 2-7）。

図表 2-6　民生・児童委員の相談支援の種類

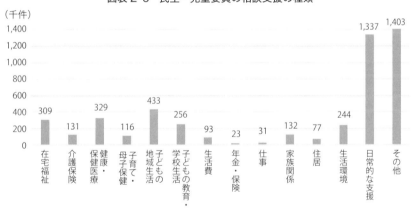

（出典）厚生労働省（2024）「令和 4 年度 福祉行政報告例」より筆者作成

図表 2-7　民生・児童委員の分野別相談支援内容の割合（％）

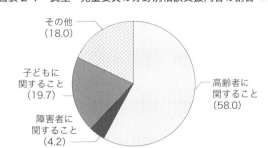

（出典）厚生労働省（2024）「令和 4 年度 福祉行政報告例」より筆者作成

5) 地域子ども・子育て支援事業と地域型保育事業

　地域子ども・子育て支援事業は、「市町村こども・子育て支援事業計画」（子ども・子育て支援法第59条）に従って行うものとされ、13事業が位置づけられている（図表2-8）。これらの地域子ども・子育て支援事業のいくつかは、児童福祉法に定められる児童福祉事業や母子保健法に定められる母子保健事業でもあり、地域における子育て家庭の支援を目的とした事業である。

　また、子ども・子育て支援法では、「地域型保育」として家庭的保育事業、小規模保育事業、居宅訪問型保育事業、事業所内保育事業の4事業がある（図表2-9）。

6) 経済的な支援を行う社会資源

　① 生活保護制度　日本国憲法第25条に定める国民の生存権を保障するための制度が生活保護である。生活保護制度は、最低生活を保障することと生活困窮者の自立を助長することを目的としている。生活保護には、①生活扶助、②教育扶助、③住宅扶助、④医療扶助、⑤介護扶助、⑥出産扶助、⑦生業扶助、⑧葬祭扶助の8種類があり、それぞれの世帯の必要に応じてこれらの扶助（現金や現物）が支給される。

　② 児童手当　子どもを養育している家庭の生活の安定と、次代の社会を担う児童の健やか

図表 2-8　地域子ども・子育て支援事業

利用者支援事業	子育て家庭や妊産婦が身近な場所で、教育・保育施設や地域子ども・子育て支援事業等を円滑に利用できるように、相談や情報提供、助言など等必要な支援を行うとともに、関係機関との連絡調整、連携・協働の体制づくり等を行う
延長保育事業	通常の利用日及び利用時間以外の日及び時間において、認定こども園、保育所等で保育を実施する
放課後児童健全育成事業 （放課後児童クラブ／ 学童保育）	保護者が労働などにより昼間家庭にいない小学校に就学している児童に、授業の終了後に適切な遊び及び生活の場を与えて、その健全な育成を図る
子育て短期支援事業 （ショートステイ事業）	保護者の疾病等の理由により家庭での養育が一時的に困難となった児童を、児童養護施設等の施設に入所させ、必要な保護を行う
乳児家庭全戸訪問事業 （こんにちは赤ちゃん事業）	乳児のいる家庭を訪問し、乳児や保護者の心身の状況及び養育環境の把握や、子育てに関する情報の提供や養育の相談、助言その他の援助を行う事業で、母子保健法第11条に規定される「新生児の訪問指導」と併せて行われている
養育支援訪問事業	乳児家庭全戸訪問事業等で把握した要支援児童や特定妊婦に対し、その養育が適切に行われるよう、要支援児童等の居宅で、養育に関する相談、指導、助言などの支援を行う。
地域子育て支援拠点事業	乳幼児及びその保護者が相互の交流を行う場所を開設し、子育てについての相談、情報の提供、助言その他の援助を行う
一時預かり事業	家庭において保育を受けることが一時的に困難となった乳幼児について、保育所、認定こども園等において、一時的に預かり、必要な保護を行う
病児保育事業	疾病に罹っている保育を必要とする乳幼児又は小学校に就学する児童について、保育所や病院等で保育を行う
子育て援助活動支援事業 （ファミリー・サポート・ センター事業）	子どもの一時的な預かりや外出のための移動支援を行うことを希望する援助希望者との連絡・調整や援助希望者への講習の実施、必要な支援を行う
妊婦健康診査	妊婦の健康の保持及び増進を図るため、妊婦に対する健康診査として、①健康状態の把握、②検査計測、③保健指導を実施するとともに、妊娠期間中の適時に必要に応じた医学的検査を実施する
実費徴収に係る補足給付を 行う事業	保護者の世帯状況などを勘案して特定教育・保育施設などに対して保護者が支払うべき日用品、文房具その他の教育・保育に必要な物品の購入に要する費用、または行事への参加に要する費用、給食費などの一部を補助する
多様な事業者の参入促進・ 能力活用事業	地域のニーズに合わせた教育・保育を確保するために、多様な事業者の新規参入を支援するほか、特別な支援が必要な子どもを受け入れる認定こども園の設置者に対して必要な費用の一部を補助する

図表 2-9　地域型保育事業

家庭的保育事業 （保育ママ）	保育を必要とする乳幼児について、家庭的保育者の居宅などで家庭的保育者による保育を行う（利用定員：5人以下）
小規模保育事業	保育を必要とする 6 人以上 19 人以下の乳幼児を保育施設や保育者の居宅などで保育を行う
居宅訪問型保育事業	保育を必要とする乳幼児について、当該乳幼児の居宅において家庭的保育者による保育を行う
事業所内保育事業	保育を必要とする事業所の従業員の子どもや保育を必要とする地域の乳幼児について、事業所内の施設において保育を行う

な成長のために支給される。支給対象は、中学校終了（15 歳に達した後の最初の 3 月 31 日）までの児童を養育する家庭で、所得制限が設けられている。

③ 児童扶養手当　ひとり親家庭の生活安定と自立促進を目的とした経済的支援である。18 歳に達する日以後の最初の 3 月 31 日までの間にある者を養育する家庭と、20 歳未満で政令に定める程度の障害の状態にある者を養育する家庭に支給され、所得制限がある。

④ 特別児童扶養手当等　障害児や障害者を養育する家庭に対して支給される手当であり、障害児が 20 歳未満の場合は特別児童扶養手当が支給される。また、障害児のうち、日常生活において常時介護を必要とする重度の障害を有する児童には障害児福祉手当が、また 20 歳以上であって、著しく重度の障害の状態にあり、日常生活において常時と区別の介護を必要とする者へは特別障害者手当が支給される。いずれも所得制限と支給制限が設けられている。

⑤ 母子父子寡婦福祉資金貸付金制度　20 歳未満の児童を扶養している母と父、および寡婦（＊4）を対象に、経済的自立と生活意欲の助長を図り、扶養している児童の福祉を増進するために資金を貸し付ける事業である（図表 2-10）。貸付利子は無利子または低く設定されており、償還期間は 3 年以内から 20 年と幅があり、連帯保証人がいない場合にも貸しつけが可能である。

図表 2-10　母子父子寡婦福祉資金機関貸付資金の種類

事業開始資金	事業（軽飲食、文具販売、菓子小売業等）を開始するのに必要な設備、什器、機械等の購入資金
事業継続資金	現在営んでいる事業を継続するために必要な商品、材料等を購入する運転資金
修学資金	母・父や寡婦が扶養する児童を高等学校、大学、高等専門学校又は専修学校に就学させるための授業料、書籍代、交通費等に必要な資金
技能習得資金	母・父や寡婦が、事業の開始や就職に必要な知識技能を習得するために必要な資金
修業資金	母・父や寡婦が、事業を開始し又は就職するために必要な知識技能を習得するために必要な資金
就職支度資金	就職に直接必要な被服、履物等及び通勤用自動車等を購入する資金
医療介護資金	医療又は介護を受けるために必要な資金
生活資金	生活を安定させたり・生活を継続したりするのに必要な生活補給資金
住宅資金	住宅を建設、購入、補修、保全、改築又は増築するのに必要な資金
転宅資金	住宅を移転するため住宅の貸借に際し必要な資金
修学支度資金	母・父や寡婦が扶養する児童や子が、就学、就業するために必要な被覆等の購入に必要な資金
結婚資金	母・父が扶養する児童及び寡婦が扶養する 20 歳以上の子の婚姻に際し必要な資金

（注）児童・母子家庭の母または父子家庭の父が扶養する 20 歳未満の児童。
　　　子：母子家庭の母または父子家庭の父が扶養する 20 歳以上の子。

7）就労を支援する社会資源

① 公共職業安定所（ハローワーク・マザーズハローワーク）　経済的な安定は、わたしたちの生活の安定に大きな影響を与えるものである。その経済的安定を支えるもののひとつが就労である。就職を希望する者への相談や指導、適性や希望に合った職業の紹介などを行うのが、厚生労働省設置法によって定められる公共職業安定所である。職業の紹介などの他に、失業者の生活を保障する雇用保険の手続きの窓口にもなっている。一般的には、ハローワークと呼ばれている。

図表 2-11　マザーズハローワークの一例（東京都）

（出典）東京マザーズハローワークホームページ

　また、子育て家庭の親の就職を支援するマザーズハローワークは、仕事と子育てを両立しやすい求人を確保し、就職先の紹介や保育サービスの提供も行っており、子ども連れの親が利用しやすいような場がつくられている（図表2-11）。

　さらに、就職に結びつけるための教育訓練の受講を補助する「自立支援訓練給付金事業」や安定した就職を容易にするために資格取得を促進する「高等職業訓練促進給付金等事業」などもある。

② 母子家庭等職業・自立支援センター　都道府県、指定都市、中核市が実施主体となっている母子家庭等職業・自立支援センターは、ひとり親家庭の父母に対して、就業相談から就業支援講習会の実施、就業情報の提供など一貫した就業支援サービスの提供を行っている。さらに、養育費の取り決めなどについて弁護士などの専門的なアドバイスを受けられる相談窓口も開設されている。都道府県から委託された市の母子福祉団体などが運営している場合もある。

8）警察

　警察は各都道府県に設置されている。また、都道府県警察の区域は警察署の管轄により分かれており、さらに交番や駐在所が置かれている。

図表 2-12　警察からの児童虐待に係わる児童相談所への通告児童数と割合

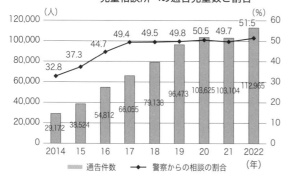

（出典）厚生労働省（2023）「令和5年度 全国児童福祉主管課長・児童相談所長会議資料」より筆者作成

　子育て家庭の福祉に関しては、児童虐待、配偶者間の暴力、少年非行などにかかわっている。2022（令和4）年に警察が児童相談所に虐待の通告をした児童数は11万件を超え、虐待通告の約半数が警察からの通告となっており、年々増加している（図表2-12）。また、警察は配偶者間の暴力などの相談や介入も行っている。

(2) 子ども家庭支援に関わる専門職

1) 保育士

保育士は、児童福祉法（第18条の4）に、「保育士の名称を用いて、専門的知識及び技術をもって、児童の保育及び児童の保護者に対する保育に関する指導を行う」と規定され、保育所をはじめとする様々な児童福祉施設で、子どもの保育や養育や保護者への支援等を行っている。

また、保育所に通う子どもの保護者に向けた支援だけではなく、地域の子育て家庭への支援においても重要な役割を担っている。たとえば、保育所で行っている「園庭開放」において保護者が抱える相談に応じたり、保育所に併設されている子育て支援センターにおいて「育児講座」などの様々なイベントや行事を催し、子育て家庭が身近な場所で気軽に参加し、集うことができるようにしている。

2) 保健師

保健師は、保健所や市町村保健センターに配置される地域保健の専門職である。様々な保健業務を行っているが、子どもの福祉に関する業務としては、妊産婦や乳幼児の健康診査などがある。また、児童福祉事業の一つである乳児家庭全戸訪問事業は、保健師が行う新生児の訪問指導として行われている。また、子どもや妊娠期から子育て期までの子育て家庭への一体的相談支援を行うこども家庭センターに配置され、保健相談やサポートプランの作成など重要な役割を担っており、子ども家庭福祉の専門職は、地域の保健師との連携が必須となっている。

3) 利用者支援専門員

地域子ども・子育て支援事業の利用者支援事業は、「基本型」「特定型（保育コンシェルジュ）」「母子保健型」の3つの事業類型に分かれており、「基本型」事業および「特定型」事業に配置される専門職が、利用者支援専門員である。『利用者支援事業ガイドライン』（厚生労働省, 2015）では、「医療・教育・保育施設や地域の子育て支援事業等に従事することができる資格を有している者や、地方自治体が実施する研修もしくは認定を受けた者のほか、育児・保育に関する相談指導等について相当の知識・経験を有する者であって、地域の子育て事情と社会資源に精通した者」とされている。

利用者支援専門員は、子育て家庭のニーズを把握し、最適な子育て支援に関する施設や事業等を提案して、円滑に利用できるようにする。また、発達が気になる子どもについての相談や育児不安のある保護者からの相談には、適切な専門機関等につなげるとともに、継続的な見守りを行い、相談者が抱える課題を解決する。さらに、必要に応じて社会資源の開発等を行うなどの役割も担っている。

4) 子育て支援員

子育て支援員は、子ども・子育て支援新制度において創設された新たな職種である。子育て経験の有無にかかわらず、子育て支援や保育系の仕事に興味がある人で、各自治体が実施している研修を受けることで、子育て支援員として働くことができる。現在、保育分野や放課後児童クラブ、社会的養護など様々なコースの研修があり、基本研修（共通）とそれぞれの専門研修を受けることになっている。開講されているコースは各自治体で異なり（地域保育コース・

地域子育て支援コース・放課後児童コース・社会的養護コース）、保育所をはじめ、子育てひろば、学童クラブ、ファミリー・サポート・センター、児童養護施設など様々な子育て支援や保育系の職に従事することができる。

(3) インフォーマルな社会資源

1) 子ども食堂

　地域住民や自治体などが主体となって、無料や定額の料金で食事を提供する場である。食事の提供だけが目的ではなく、子どもが安心できる居場所や子どもの相談相手としての機能もある。また、対象が子どもだけではなく、地域に住む様々な世代が交流する場ともなっている。名前も「地域食堂」や「みんなの食堂」など様々である。子ども食堂のはじまりは、東京都大田区の「気まぐれ八百屋だんだん」といわれており、現在全国にその活動が広がっている。現在、全国で7,300か所を超える子ども食堂があるといわれている（全国子ども食堂支援センターむすびえ，2022）。

2) 子育てサロン・子育てサークル

　地域住民や子育て中の親子が集まり交流したり、情報交換を行う場として運営されている。地域のボランティアや児童委員なども参加し、幅広い年齢の子どもや保護者を対象とした活動やイベントを行っている。実施場所も様々で、放課後児童クラブの教室を利用のない午前中に開放したり、地域の公民館など身近な場所を利用したりしている。外遊びや自然探索を目的にした活動では、地域の公園などを活動場所としている。

3) その他の地域における様々な活動

　① 子ども110番の家　子どもが登下校中や外で遊んでいるときなどに、危険に遭遇したり、困りごとがあるときに立ち寄ることができる、民間協力型の安全を見守る拠点活動で、地域ボランティアによって行われている。拠点となる商店や家には「子ども110番の家」の目印となるステッカーが貼られており、ステッカーは自治体ごとにデザインが異なっている（図表2-13）。

図表2-13　「子ども110番の家」のステッカー例

東京都文京区　　　　千葉県千葉市　　　　神奈川県

　② 登下校の見守り活動　子どもの登下校時に通学路上に立ち、交通安全や防犯対策を見守る活動も行われている。学童擁護員という名称で1950年代後半にはじまった活動で、全国的に展開されるようになった。緑色の制服を着ていたことから女性の学童擁護員が「みどりのおばさん」と呼ばれている地域や、高齢者が活動している場合は「シルバーさん」と呼ばれている地域もある。

4　社会資源を活用する上での留意点

　保育者が子育て家庭への支援を行う際、社会資源を活用する上でどのような点に留意すべきかについて考える。

(1) 家族構成や家族関係を把握する

　身内や友人は、手助けが必要なときに特別な手続きがなくても手伝ってくれるものである。また、地域住民やボランティアが提供する活動は、その地域のニーズに応じたサービスを提供していたり、低額で気軽に利用できるなど、インフォーマルな社会資源としての利点がある。

　しかし、生まれ育った地域から離れて生活をし、地域からも孤立してしまっているような場合は、頼れる身内や友人がおらず、インフォーマルな社会資源を活用することは難しい。また、家族や親族の関係に問題がある場合、自らの状況を関係のよくない相手に知られることを避けるため、手助けを拒むような場合もある。家族の状況を把握するとともに、社会資源を活用することへの、子ども本人および子育て家庭の意向を確認することも忘れてはならない。

(2) 地域の社会資源を知る

　制度に基づいたフォーマルな社会資源は、どの地域においても共通しており、条件を満たせば利用することができる。しかし、インフォーマルな社会資源は、地域のニーズに応じてつくられることが多く、地域によって種類やその内容も異なっている。たとえば、山間部にあり、住民の大多数が高齢者の地域では、高齢者を対象とした移動・買い物や介護などの生活課題を支える活動（社会資源）が多く、子育て家庭を対象とした社会資源が少ない場合もあるだろう。

　子ども・保護者を適切な社会資源につなげていくために、地域の現状やニーズを知り、地域に存在する社会資源を把握することが重要である。さらに、地域のニーズを知ることは、必要とされる新たな社会資源の開発にもつながる視点である。

■ キーワード
フォーマルな社会資源　インフォーマルな社会資源

■ 注・用語解説
＊1　保健所の事業は、地域保健法に以下の通り定められている。（1 地域保健に関する思想の普及及び向上に関する事項　2 人口動態統計その他地域保健に係る統計に関する事項　3 栄養の改善及び食品衛生に関する事項　4 住宅、水道、下水道、廃棄物の処理、清掃その他の環境の衛生に関する事項　5 医事及び薬事に関する事項　6 保健師に関する事項　7 公共医療事業の向上及び増進に関する事項　8 母性及び乳幼児並びに老人の保健に関する事項　9 歯科保健に関する事項　10 精神保健に関する事項　11 治療方法が確立していない疾病その他の特殊の疾病により長期に療養を必要とする者の保健に関する事項　12 エイズ、結核、性病、伝染病その他の疾病の予防に関する事項　13 衛生上の試験及び検査に関する事項　14 その他地域住民の健康の保持及び増進に関する事項）

＊2「困難な問題を抱える女性への支援に関する法律」において、「困難な問題を抱える女性」とは、性的な被害、家庭の状況、地域社会との関係性その他の様々な事情により日常生活又は社会生活を円滑に営む上で困難な問題を抱える女性（そのおそれのある女性を含む。）」と定められている。女性をめぐる課題が、生活困窮、性暴力・性犯罪被害、家庭関係破綻など複雑化、多様化、複合化していることから対象の拡大が図られた。この法律では、「女性の福祉」、「人権の尊重や擁護」、「男女平等」が基本理念として明確に示された。

＊3〔保育所等訪問支援〕 保育所等で集団生活を営む障害児について、施設等を訪問し、障害児以外の児童との集団生活に適応するための専門的な支援や支援方法の指導等を行う。

＊4〔寡婦〕 寡婦とは、母子及び父子並びに寡婦福祉法において、「配偶者のない女子であって、かつて配偶者のない女子として民法の規定により児童を扶養していたことのあるものをいう」と定められている。つまり、かつてひとり親家庭の母親として子どもを養育し、子どもの自立後も結婚せずひとりで生活する女性である。

ブックガイド

与野輝・茅野志穂（2019）『現場報告"子ども食堂"これまで、これから』いのちのことば社▶「子どもの貧困」が社会問題となり、子ども食堂は全国で展開されるようになっている。本書は、子育て家庭と共に歩み、のべ 8,000 人以上に食事を提供してきたひとつの子ども食堂の 3 年半から、一時的な善意の高まりだけでは終わらない地域ボランティアの可能性を考える一冊となっている。

湯浅誠（2017）『「なんとかする」子どもの貧困』角川新書▶子どもの貧困問題に関する入門書。子どもの生活実態と、子ども食堂や学習支援などの社会資源について理解できる一冊である。

（松倉　佳子）

第2部

保育士による
子ども家庭支援の
意義と基本

第2部「保育士による子ども家庭支援の意義と基本」では、地域資源の活用、関係機関との連携協働について、さらに保育の専門性を活かした子育て支援と、保護者と子どもの育ちを共有する意味について学ぶ。また、子育て支援で求められる保育士の基本的態度についても学ぶ。子育て支援は、福祉や教育、医療など、様々な領域や機関との協働によって成り立っている。そのため、関係機関との連携協働について知り、子育て支援のなかで保育所が担う役割を理解する必要がある。また、子育て支援には保護者との円滑なコミュニケーションが大切である。そのために必要な基本的な態度、考え方、姿勢をしっかりと身につけてほしい。

第**3**章 保育士による地域の資源の活用と 自治体・関係機関等との連携・協力

本章のポイント

- 保育所保育指針に示された「地域の資源」をとらえ、地域の資源に関する知識を整理する。
- 連携・協力をする意義や形態、保育士が連携・協力をする自治体、関係機関等および他専門職について概説し、進める上での留意点を理解する。
- 現代社会だからこそあるツールを用いた地域の資源を知る情報提供の方法、自治体・関係機関等が連携・協力する子育て支援イベントの実践事例を知る。

1 保育所保育指針における「地域の資源」に関する内容

　厚生労働省が告示する保育所保育指針は、各保育所の特色を活かし、創意工夫のある取り組みから、よりよい保育に向けて、質の担保とさらなる改善をめざせるように、保育の内容に関する基本的な事項を示している。1999（平成11）年の改定以降、「相談」「助言」という文言が示され、2008（平成20）年には「保護者に対する支援」が記載され、ソーシャルワークの視点が強められるようになった。

　保育士は、子育て家庭の環境も理解しつつ、支援を進めていく。そのために、社会的な環境のひとつである**地域の資源**を把握し、それらの資源と連携・協力しながら、子育てをする保護者自身が主体的に活用できるように支援することが必要である。

　そこで、保育所保育指針に述べられている「地域の資源」「連携」に関する文章を、図表3-1に示す。関連した表現は他の箇所にもあるが、本章では特に明確に示されている箇所に限定する。

図表 3-1　保育所保育指針における保育所と地域の資源との連携に関する記述箇所

章	節	項　目	該当部分の文章
第1章 総則	1 保育所保育に関する基本原則	（1）保育所の役割	ウ保育所は、入所する子どもを保育するとともに、家庭や地域の様々な**社会資源**との連携を図りながら、入所する子どもの保護者に対する支援及び地域の子育て家庭に対する支援等を行う役割を担うものである。
		（5）保育所の社会的責任	イ保育所は、地域社会との交流や連携を図り、保護者や地域社会に、当該保育所が行う保育の内容を適切に説明するよう努めなければならない。
	3 保育の計画及び評価	（2）指導計画の作成	キ障害のある子どもの保育については、一人一人の子どもの発達過程や障害の状態を把握し、適切な環境の下で、障害のある子どもが他の子どもとの生活を通して共に成長できるよう、指導計画の中に位置付けること。また、子どもの状況に応じた保育を実施する観点から、家庭や関係機関と連携した支援のための計画を個別に作成するなど適切な対応を図ること。

第2章 保育の内容	4 保育の実施に関して留意すべき事項	(3) 家庭及び地域社会との連携	子どもの生活の連続性を踏まえ、家庭及び地域社会と連携して保育が展開されるよう配慮すること。その際、家庭や地域の機関及び団体の協力を得て、地域の自然、高齢者や異年齢の子ども等を含む人材、行事、施設等の地域の資源を積極的に活用し、豊かな生活体験をはじめ保育内容の充実が図られるよう配慮すること。
第3章 健康及び安全	1 子どもの健康支援	(1) 子どもの健康状態並びに発育及び発達状態の把握	ウ子どもの心身の状態を観察し、不適切な養育の兆候が見られる場合には、市町村や関係機関と連携し、児童福祉法第25条に基づき、適切な対応を図ること。また、虐待が疑われる場合には、速やかに市町村又は児童相談所に通告し、適切な対応を図ること。
		(3) 疾病等への対応	イ感染症やその他の疾病の発生予防に努め、その発生や疑いがある場合には、必要に応じて嘱託医、市町村、保健所等に連絡し、その指示に従うとともに、保護者や全職員に連絡し、予防等について協力を求めること。また、感染症に関する保育所の対応方法等について、あらかじめ関係機関の協力を得ておくこと。看護師等が配置されている場合には、その専門性を生かした対応を図ること。 ウアレルギー疾患を有する子どもの保育については、保護者と連携し、医師の診断及び指示に基づき、適切な対応を行うこと。また、食物アレルギーに関して、関係機関と連携して、当該保育所の体制構築など、安全な環境の整備を行うこと。看護師や栄養士等が配置されている場合は、その専門性を生かした対応を図ること。
	2 食育の推進	(2) 食育の環境の整備等	イ保護者や地域の多様な関係者との連携及び協働の下で、食に関する取組が進められること。また、市町村の支援の下に、地域の関係機関等との日常的な連携を図り、必要な協力が得られるよう努めること。
	3 環境及び衛生管理並びに安全管理	(2) 事故防止及び安全対策	ア保育中の事故防止のために、子どもの心身の状態等を踏まえつつ、施設内外の安全点検に努め、安全対策のために全職員の共通理解や体制づくりを図るとともに、家庭や地域の関係機関の協力の下に安全指導を行うこと。
	4 災害への備え	(3) 地域の関係機関等との連携	ア市町村の支援の下に、地域の関係機関との日常的な連携を図り、必要な協力が得られるよう努めること。 イ避難訓練については、地域の関係機関や保護者との連携の下に行うなど工夫すること。
第4章 子育て支援	1 保育所における子育て支援に関する基本的事項	(2) 子育て支援に関して留意すべき事項	ア保護者に対する子育て支援における地域の関係機関等との連携及び協働を図り、保育所全体の体制構築に努めること。
	2 保育所を利用している保護者に対する子育て支援	(2) 保護者の状況に配慮した個別の支援	イ子どもに障害や発達上の課題が見られる場合には、市町村や関係機関と連携及び協力を図りつつ、保護者に対する個別の支援を行うよう努めること。
		(3) 不適切な養育等が疑われる家庭への支援	イ保護者に不適切な養育等が疑われる場合には、市町村や関係機関と連携し、要保護児童対策地域協議会で検討するなど適切な対応を図ること。また、虐待が疑われる場合には、速やかに市町村又は児童相談所に通告し、適切な対応を図ること。

3 地域の保護者等に対する子育て支援	(2) 地域の関係機関等との連携	ア 市町村の支援を得て、地域の関係機関等との積極的な連携及び協働を図るとともに、子育て支援に関する地域の人材と積極的に連携を図るよう努めること。 イ 地域の要保護児童への対応など、地域の子どもを巡る諸課題に対し、要保護児童対策地域協議会など関係機関等と連携及び協力して取り組むよう努めること。

(出典) 厚生労働省 (2018) より筆者作成 (下線は筆者。点線は、「地域の資源」「連携」を活用する対象を示す)

　このように、保育所保育指針の多くの箇所に、「地域資源」や「連携」に関する記述があり、保育所が社会から期待されている責任や機能を担っていく上で、家庭や地域社会とかかわりつながることの重要性が指摘されている。また、保育所自体も地域の資源として存在しており、子ども・保護者、地域の子育て家庭への支援を行う責務を担っているという理解も重要といえる。さらに、地域全体で子育て家庭を支える体制を構築することが保育所にも求められ、子育てにかかわる他の関係機関、施設、団体、組織などと連携・協力して、**ネットワーク**(*1)を築いていく必要性が増しているといえる。

2　保育士による自治体・関係機関との連携・協力

(1) 協力・協同・協働／連携とは

　保育士をめざして学ぶプロセスや、保育士として業務を行う日々のなかで、「協」という字が使われた熟語を目にすることは多いだろう。「協力」「協同」「協働」などがあるが、改めて意味を理解しておきたい (図表3-2)。

　保育所など現場の日常においては、保育士が子どもに向けて「協力しようね」などと、子ども同士のかかわりを意図的につくり出すように言葉をかけることや、子ども自身が子ども同士で「一緒に力を合わせて頑張ろう」などと主体的に言葉をかけ合って「**協力**」することもある。また、子どもたちが「協同して」つくった作品や遊びの過程において、保育士が省察を深めるようなこともある。

　一方で、保育所などが施設内外で「協力」「協同」「協働」することもある。たとえば、保育士同士で屋外組立式プールを「協力」して設置することもあれば、施設外へ散歩に出かけるために、地域の住民に理解と見守りの「協力」を求めることもある。入園・進級式や卒園式など全職員、全園児が参加するような行事では、職員が役割分担をして「**協同**」

図表 3-2　協力・協同・協働・共同の意味

熟語	意　味
協力	ある目的に向かって力を合わせること。
協同	複数の人が集団のなかでルールに従って、目的を共有し、周囲の人と力と心を合わせ、役割を把握しながらかかわり合い影響を受けながら物事を行うこと。
協働	同じ目的を共有し、目標を達成するために対等の立場で周囲と力を合わせるが、それぞれの機能や役割を把握した上で、ともに働き物事を行うこと。
共同	複数の人が同じ条件、関係性で物事を行うこと。

(筆者作成)

して事前準備と式を進めることもある。子どもが取り組む遊びにおいて「協同」性が育めるよう、保育士が環境を構成することもある。

　さらに、言動が気になる子どもへ保育士がアプローチするために、巡回相談員（公認心理師、臨床発達心理士などインクルーシブ保育等を専門的に指導・助言をする職種）と「**協働**」することや、保護者の不適切な養育が疑われる場合に自治体や関係機関との「**協働**」関係を構築することなどもある。これらの熟語は、状況や目的、出来事の内容から分けて使うことができるようにしたい。

　また、「**連携**」という熟語もよく使われる言葉である。同じ目的をもって物事を行う場合、互いに連絡をとり協力するという意味があり、物事を行うためにつながる手段・方法・過程を含むプロセスとしてとらえられる。

　そのため、「協働」を実現するためには「連携」することが不可欠となる。連携して協働するには、対象によって分けた形態で考えることができる。軸として「職種」（横軸）と「機関」（縦軸）に分け、それが「同一」のものであるか「他」のものであるかで4つの象限に分かれる（図表3-3）。たとえば、第1象限（同一機関・他職種）では、同じ保育所内での保育士と看護師、同じ市役所内での児童福祉課と生活保護課など、第2象限（同一機関・同一職種）では、同じ保育所内での保育士同士や、同じ保健所の保健師同士など、第3象限（他機関・同一職種）では、保育所の保育士と児童発達支援センターの保育士、地域子育て支援センターの保育士と保育所の保育士など、第4象限（他機関・他職種）では、児童相談所の児童福祉司と保育所の保育士、病院の医師と保健所の保健師、自治会の会長と自治体の地区担当児童委員などの関係性があげられる。

　これらの多様な形態があることを理解して連携・協力をすることで、①同一内容・同一水準のサービスが可能になる、②一貫性のある継続的なサービスが可能になる、③多職種間で幅広い知識・技術・経験が共有できる、④総合的な視点からのアセスメント、目標設定、優先順位の決定、介入、評価ができる、⑤チームで努力することによりケアの質の向上を図ることができる、⑥カンファレンスなどを通じた学習の機会の創出と、メンバーの技術の向上につながる、⑦記録の一体化などによる事務作業などの効率化を図ることができるなどの、効果を意識することができる。

図表 3-3　連携・協働の形態

（出典）西村・青井（2019：72）

(2) 保育士が連携・協力する自治体・関係機関

　子育て家庭への支援のため保育士が連携・協力できる地域の資源には、第2章第2節で先述したように**フォーマル・インフォーマル**な資源がある（⇒図表2-1）。地域の資源として具体的に活用することが想定される**自治体・関係機関**は第2章を参照してほしい。

地域の資源は多様だが、あなた自身はそれぞれの資源について、現時点でどれくらい知っている、あるいはイメージできるだろうか。また、その場へ行ったことや活用したことはあるだろうか。おそらく、名前を聞いたことはあるが実際何をしているのか、どのような機能をもち役割を担っているのかわからない資源もあるかもしれない。また、あなたが保育士として勤務する可能性のある地域では、それぞれの機関や施設はどのような名称や通称で呼ばれているだろうか。

　連携・協力のためには、まず、関係機関についての概要、法的な根拠、それらの機関がもっている機能や果たすべき役割を理解し、子育て家庭に対してどのような専門的支援を行うことが可能なのか、どのような立場で権限をもっているのかを把握することが必要である。次に、自らその地域に興味や関心をもち、子育て家庭が生活する目線で地域のもつ力や特性を多様な角度からみて、活用できる地域の資源を整理しておくことが求められる。そうすることで効果的な連携や協力へつなげていくことができる。

　しかし、子育て家庭が必要とするニーズや、抱える問題の多くは単純なものではない。家庭とつながりのある親族や保護者の勤務先、家が立地する自然環境など周囲の様々な環境から影響を受けるなどして、長期的、複合的、多様化された問題となって表面化する場合がある。

　子育て家庭に直接かかわり支援を行う保育士は、それぞれの家庭の顕在化されたニーズに加え、子育て家庭も気づいていないかもしれない、潜在化されたニーズをも発見できる立場にいる。保育士には、それらのニーズに対して、どのような専門性をもった地域の資源を活用するかを考え、子育て家庭と地域の資源とをつないでいく連携・協力の視点を養うことが望まれる。

(3) 関係機関に所属する様々な専門職との連携・協力

1) 関係機関に所属する様々な分野の専門職

　子育て家庭を支援するための地域の資源として多様な関係機関が設置されていることは先述の通りである（⇒第2章図表2-2も参照）。各関係機関は、それぞれのもつ専門的な機能や役割から、保健、医療、福祉、相談、療育、保育・教育、司法分野などの種別に分けて考えることもできる。各関係機関には、専門的な知識と技術を有した資格をもつ**専門職**が配置されている（図表3-4）。地域の規模によって各機関の規模や機能が多少異なるため、配置されている専門職にも多少の違いはあるが、どのような地域においても、多様な専門職が各々の専門性を発揮して関係機関の機能を果たしている。

　それぞれの専門職がもつ専門性は、他の専門職の有する知識や技術との関連性はありながらも独自の職能をもつ。そのため、子どもや保護者へかかわる際の専門的観点が異なる場合があるが、子どもと家庭の最善の利益を追求した支援に向けて連携していくことが重要である。

2) 連携・協力をする上での留意点

　専門職である保育士が他の専門職と連携・協力する上での留意点としては、①子ども・保護者、子育て家庭を中心とした支援を行うこと、②他の専門職とコミュニケーションを図り、専

図表 3-4　関係機関に配置されている専門職

医療・保健・療育機関	医師、歯科医師、看護師、保健師、助産師、理学療法士、作業療法士、言語聴覚士、視能訓練士、管理栄養士、歯科衛生士、臨床検査技師、診療放射線技師、社会福祉士、精神保健福祉士、介護福祉士、公認心理師、保育士など
福祉・相談機関	社会福祉士、精神保健福祉士、保健師、社会福祉主事や児童福祉司（福祉関係担当者や生活保護ケースワーカー等）、児童心理司、医師、保育士など
保育・教育機関	保育士、幼稚園教諭、看護師、養護教諭、栄養士、調理員、特別支援教育コーディネーターなど
司法機関	弁護士、司法書士など

（筆者作成）

門性を尊重することがあげられる。また、他の専門職と実際に連携を図っていく上で重要な点としては、①各関係機関の機能と所属する他の専門職の役割を明確に理解すること、②関係機関同士が「チーム」としての機能を果たしていることを理解すること、③コーディネートする場合、ファシリテートする場合、リーダーシップを発揮する場合と、状況に応じて柔軟に取り組むこと、④各関係機関において可能な業務範囲の限界を理解すること、⑤他の職種間に生じた個人的・専門的な葛藤を解決することなどがあげられる。

　保育士は、子ども・保護者、子育て家庭の生活に近い身近な立場で、環境を活かした具体的な情報の活用や、他職種からの指導・助言を生活場面に結びつける保育活動をして、自らも人的環境となり支援を行っているといえる。また、日々のかかわりを通して、子ども・保護者、子育て家庭との間に信頼関係を築くことにより、他の専門職へつなげる場面や困難な問題に向き合う状況においても、常に傍で寄り添って支援し続けることができる。このような個別の支援を、保育所という組織のなかで行っていくためにも、保育士・保育所が関係機関との連携体制を築いていくことが重要となる。

3　地域の資源を活用した関係機関等との連携・協力の実際

(1) モバイルサイトおよびアプリを活用した地域の資源の情報収集

　1990年代後半からインターネットや携帯電話の普及が目覚ましく、保護者が情報を得るツールは、今や当たり前のように手元にある状態といえる。2020年以降に猛威を振るった新型コロナウイルス感染症の流行により、人同士が非対面になるような環境が望まれたり、直接的な対面での交流は避けるような事態も生じた。これらの状況により、保護者や子育て家庭に関連した地域の資源に対する情報をオンラインで提供する都道府県や市区町村も増えている。

　たとえば、ある自治体のモバイルサイトを紹介したい。パソコンから閲覧するデスクトップ版に加え、シンプルで見やすく加工されたスマートフォン版もある（図表3-5）。二次元コードやURLなどの情報は、紙媒体やデータ媒体などで提供されている。

　紙媒体であれば、公共施設や子育て支援施設にチラシが置いてあったり、何歳児健診などの

図表 3-5　子育て家庭向けモバイルサイトの例

場で配布される資料に含まれていたりする。自治体広報誌で紹介されたり、保育所などのお便りとして配布されたりする場合もある。データ媒体としては、子育て支援に関係する施設の目立つ場所や自治体のホームページに二次元コードが貼られ、保護者がスマートフォンなどで読み取るようになっている。12言語に対応し、海外に由来をもつ保護者も公平に情報を得ることができる。サイトの内容は、「自治体からのお知らせ・イベント・地域ニュース」「子どもの救急相談」「子育て支援施設の検索」および自治体の子育て支援情報（妊娠・出産・育児、手当・助成、乳幼児健康診査、予防接種、幼稚園・保育所、施設・遊び場）などで、情報の見やすさが意識されている。また、母子手帳機能もあり、自身の子どもの発育記録（身長・体重のグラフ化や写真やコメント）、予防接種情報や乳幼児健診などのスケジュール管理もできるようになっている。乳幼児の子育て家庭に特化し、利用者の立場から知りたい情報へつなぐ役割を果たしている。

　これまでなら、自治体の広報誌、窓口のチラシ、健診時に配布される資料など、保護者はそれぞれで手に入る紙媒体を管理し、そこから情報を得ていた。そのため、得たい情報に辿り着くまでにいくつものステップがあった。今では、スマートフォンなどを活用して、いつでもどこでも、自由に気軽に情報を選択でき、ほしい情報のみ得ることができる。保育士としても、勤務する自治体の子育て情報や地域の資源を知っておくことで、実践する子育て支援における情報提供にも生かすことができるだろう。

　しかし、オンライン情報での有効性はあくまで「情報を得る」までの段階であり、具体的な内容を知ることや手続きを行うには、やはり市区町村の窓口や当該施設・機関へ赴く必要がある。特に、本当に支援が必要な子育て家庭ほど、活用するための手続きがわからない、時間的・精神的な余裕がない、受けるサービスや相談すべき内容によっては、保護者自身や周囲の固定概念による先入観がある、活用にあたっての自己選択や自己決定に困難さを抱える、本人に自覚がないなどの背景により、情報を手にすること、地域の資源を知って活用に至ることそのものが難しい場合もある。このような状況にある子育て家庭に、フォーマルな地域の資源（⇒第2章3（1））が即座に対応することは、関係性からもタイミング的にも非常に困難である。

　その場合、インフォーマルな地域の資源にも目を向けるとよい。たとえば、子育て家庭の生活圏において生活ごみを出すとき、回覧板を回すときなど、顔を合わせる機会がある。些細ではあるが顔見知りになる、会話をするなど、何気ない直接的なかかわりが心理的な壁を低くし、子育て家庭にとって、外部や他者とのつながりを求めようとすることや、地域のイベントへ参加してみようとするきっかけになり得る。そういったインフォーマルな地域の資源に、あなた

自身も含めて誰もがなり得ると心に留めてほしい。そして、保育士として自ら地域の子育て情報を積極的に得ていくことを意識して、保護者目線に立った情報の活用方法を模索してほしい。

(2) 子ども・保護者、子育て家庭を対象としたイベントの開催

　子育て家庭が生活するなかで、地域の資源を実際にどのような形で活用するかは多様である。ここでは、様々な自治体で催されている、子ども・保護者、子育て家庭に向けたイベントについて、自治体・関係機関等と連携・協力の実際を取り上げたい。

　イベントでは、地域にある誰もが集える施設（市民センターや運動公園など）を会場にすることが多いが、商業施設が会場を提供する場合もある。イベントの名称は様々であるが、開催する目的を踏まえて「子ども」「子育て」「支援」「応援」というキーワードと「フェスティバル」「メッセ」「フェア」など、大規模開催が想定される言葉が用いられている。参加する団体は、主に自治体内にある子育てにかかわる関係機関や民間団体、個人が主催、共催、協力、協賛、後援などを通して参加している。たとえば、フォーマルな資源である自治体、教育委員会、社会福祉協議会、児童館、幼稚園、保育所、認定こども園、民生委員や児童委員・医師会、歯科医師会、青少年相談員、放課後児童クラブ、保育士養成校などがあり、インフォーマルな資源では、子育てサロンやサークル、子ども食堂、ボーイ／ガールスカウト、PTAや保護者会など主催とつながるネットワークによって多様である。また、子どもや子育て家庭の商品を取り扱い、子育て支援を積極的に行う企業の参加もあり得る。

　出展内容は、歌やダンスのステージ発表、バザー、制作ワークショップ、室内遊びコーナーなど「楽しむ」要素、自治体内にある幼稚園や保育園、子育てひろばや子育て支援機関の紹介やサービスの案内（ポスター展示）、専門家によるトークショーや講座、協賛企業からの玩具や子育て関係商品の紹介など「知る」要素、医師や栄養士への専門相談、子育てアドバイザーとの懇談など「話す」要素、バザーや子ども服の回収、フードドライブ（未利用食品回収）、アンケートの回答などの「協力する」要素などが内容に含まれる。

　イベント当日は、地域のすべての子育て家庭が集いやすいように工夫され、非常に活気あふれる賑やかな時間になっている。保育士であれば、イベント開催のスタッフの一員として会場設営、コーナーを担当するなど、団体と協働しながらイベントを進めていく。

　主催者はこのようなイベントを開催するため約1年前から事業計画を立て、参加する団体と定期的な会議を開きながら半年以上かけて準備を進める。フォーマル、インフォーマル問わずに参加団体が協議するため、自治体所轄課の担当職員、幼稚園教諭、保育士、放課後児童支援員、児童厚生員、児童委員、保護者、大学教職員など多様な立場で顔を合わせる。その際、イベントに関することに加え、地域の子育て支援関係団体とのスケジュール確認や情報提供、情報共有を行うなど、参加者同士で交流を図る機会にもなる。イベントを通して、ネットワークを強め、関係諸機関が協働関係を築く機会としても機能しているといえる。

　このように、自治体や関係機関との間で連携・協力の形は、地域ぐるみのイベントを開催する場合においても大切にしていきたい。

■ キーワード

地域の資源　社会資源　協力　協同　協働　連携　フォーマル　インフォーマル　自治体
関係機関　専門職

■ 用語解説

＊1〔ネットワーク〕　一般には、網目のような構造や、その構造により互いのつながりを維持するための働き
を意味する。社会福祉およびソーシャルワークの領域では、人間関係のつながりという意味で用いることが
多い。たとえば、小地域ネットワーク活動という用語に代表されるように、地域における住民同士の複数の
関係のつながりを指すものとして使われることが多い。そこでは、住民同士の対等な関係を通して、必要な
生活情報の入手や伝達、各家庭同士の助け合いや日常会話などの交流がなされ、地域社会の構成要素とされ
ている。また、対人援助専門職間の「連携」という意味でネットワークを用いる場合もある。

■ ブックガイド

日本保育学会編（2016）『保育学講座5　保育を支えるネットワーク──支援と連携』東京大学出版会▶保育を
支えるネットワークは、現代社会の状況をうけ実に多様になっている。保育への社会的ニーズが広がり、大
きな変革のなかに保育の場は置かれている。多様なニーズがあるなかでの保育の連携・支援のあり方につい
て改めて考えることができる書籍である。

西村重稀・青井夕貴編（2019）『新基本保育シリーズ19　子育て支援』中央法規▶2018年に保育所保育指針
が改定され、2019年には新しい保育士養成課程がはじまった。時代とともに変わる保育の姿と、その時々で
求められる保育士養成の姿が反映された教授内容を網羅した書籍である。

（室井　佑美）

第**4**章 保育の専門性を活かした
子ども家庭支援とその意義

本章のポイント
● 保育の専門性とは何かを理解する。
● 保育の専門性と相談援助の関連性について学ぶ。
● 専門性を活かした子ども家庭支援の意義とは何かを知り、そのあり方を学ぶ。

1 保育の専門性を活かした子ども家庭支援

　現代では、保育者による家庭支援の重要性が指摘されている。もちろん、日常の子どもに対する保育そのものが子ども家庭への支援であるといえるが、昨今では、少子化や核家族化、地域コミュニティとの関係性の希薄化の進行とともに就労世帯の増加などを背景として、子育てや子育ちをめぐる課題が複雑化してきている。このような状況をうけ、保育所や幼稚園、認定こども園など各幼児教育・保育施設が一組織として保育の質を高めつつ、子育て家庭に対する支援の最初の窓口となるよう機能していくことが求められている。このような役割を果たしていくためには、一人ひとりの保育者が、日々の業務を行いながら、主体的かつ協働的にその資質・専門性の向上に努めていかなければならない。

(1) 法定業務としての子ども家庭支援（保育指導）

　児童福祉法の定義をみてみると、保育所における保育士を以下のように定義している。

児童福祉法

第18条の4　この法律で、保育士とは、第18条の18第1項の登録を受け、保育士の名称を用いて、専門的知識及び技術をもって、児童の保育及び児童の保護者に対する保育に関する指導を行うことを業とする者をいう。

　以上のことから、保育所の保育士は、通所する子どもに対する日々の養護や保育を実践するだけでなく、その保護者に対しても保育に関する指導をしていくことが法的にも定められていることがわかる。

(2) 保育所保育指針における保育所の役割

　保育所の保育士の役割については、保育所保育指針でも以下のように定められている。

保育所保育指針　第1章　総則

1　保育所保育に関する基本事項
　1）保育所の役割

> エ　保育所における保育士は、児童福祉法第18条の4の規定を踏まえ、保育所の役割及び機能が適切に発揮されるように、倫理観に裏付けられた専門的知識、技術及び判断をもって、子どもを保育するとともに、子どもの保護者に対する保育に関する指導を行うものであり、その職責を遂行するための専門性の向上に絶えず努めなければならない。

　以上の文言をうけ、保育所保育指針解説では、保育所保育士は、子どもの保育や家庭の子育て支援に関する専門職として、保育所保育の中核的な役割を担うとされている。また、保育所の保育士に求められる専門性（知識および技術）については、以下の6点に整理している。

① これからの社会に求められる資質を踏まえながら、乳幼児期子どもの発達に関する専門的知識を基に子どもの育ちを見通し、一人一人の子どもの発達を援助する知識及び技術

② 子どもの発達過程や意欲を踏まえ、子ども自らが生活していく力を細やかに助ける生活援助の知識及び技術

③ 保育所内外の空間や様々な設備、遊具や素材等の物的環境、自然環境や人的環境を生かし、保育の環境を構成していく知識及び技術

④ 子どもの経験や興味や関心に応じて、様々な遊びを豊かに展開していくための知識及び技術

⑤ 子ども同士の関わりや子どもと保護者の関わりなどを見守り、その気持ちに寄り添いながら適宜必要な援助をしていく関係構築の知識及び技術

⑥ 保護者等への相談、助言に関する知識及び技術　　　　　　　　（厚生労働省，2018：17）

　保育所の保育士ばかりでなく、すべての保育者は専門的な知識や技術をもち、子どもの保育や教育を行い、それと同時に保護者に対する支援も適切に行っていくことが肝要である。また、知識や技術を活かしていく上での倫理観も大切にしていかなければならないだろう。すなわち、保育者の倫理観を根拠とした適切な判断や対応が求められるということになる。日々の保育における子どもや保護者とのかかわりのなかで、常に自己を省察し、状況に応じた判断をしていくことは、対人援助職である保育者の専門性（⇒本章4参照）として欠かせないものとなっている。

2　保護者との関係性の構築を難しくする背景

　昨今、保育者と家庭との関係を構築していくことが難しくなったといわれている。こうした状況の要因としては、どのようなことが考えられるだろうか。保育者が保護者を支援していく際には、保護者の力を引き出していくことが不可欠となってくるが、そうした関係が特に築きにくいケースとして「個別的な対応が求められる家庭」と「特別な配慮が必要な家庭」が挙げられる。以下の事例とともに、保育者としての支援のあり方を考えてみよう。

(1)「個別的な対応が求められる家庭」
　「個別的な対応が求められる家庭」とは、保護者自身が病気である場合や仕事などの理由に

より、長時間保育が必要な場合、また、基本的な生活習慣の確立といった、本来家庭で担うべき役割を保育所にすべて委ねるといったケースなどが考えられる。

　保護者の育児に対するゆとりや家庭の子育て環境は、子どもの行動に影響する。保育者であれば、たとえ仕事が忙しかったとしても、保護者にはできる限り目の前のわが子に向き合い、子どもとの愛着関係の構築を大切にしてほしいと考えるだろう。しかし、保育者は、そのことを直接的な表現で保護者に伝えることはしない。実際の対応場面では、家庭での様子を聴きながら、育児や仕事をしている親の大変さに寄り添い、保育所での子どもの様子を伝えていく。そして、親自身が今起きている問題に気づけるような支援をするだろう。つまり、保護者には、育児で困っていることを一緒に考え、解決できるような支援が求められる。

　現代の家族は複雑化しており、育児がより困難になっている。こうした背景には、社会構造の変化とともに、地縁ネットワークの希薄化など地域共同体の支え合いがなくなってきていることがあげられるだろう。たとえば、かつての地域コミュニティでは、家族が仕事や都合で送迎ができないことがあった場合には、近隣の保護者が送迎を代行するなど、地域の人間関係のなかで自然に相互扶助がなされてきた。しかしながら現在は、そのような関係性をもつことが極めて難しくなっている。そのため、保育所や幼稚園、こども園などがそれらの課題に対し、家庭とともに向き合っていくことが求められている。とりわけ、配慮を必要とする家庭の場合は、社会的な関係性が築きにくい傾向にあるため、このような状況が顕著にみられ、より問題が表面化しやすく、支援の重要性も大きいといえる。

(2)「特別な配慮が必要な家庭」

　「特別な配慮が必要な家庭」とは、子どもに対する虐待の可能性がある家庭や、子ども自身や保護者が発達障害を含めた障害を抱えている家庭、そして保護者がうつ病や統合失調症などの精神疾患のある家庭、外国籍の家庭などを指す。このような各家庭が抱える困難の要因は、複合的に絡み合うことが多く、子育てや子育ちの状況をさらに厳しくさせることがある。

　保育所などの就学前の子どもたちが通う施設には、発達が気になる子どもや障害をもつ子どもとその家族に対する最初の支援の場として機能していくことが求められる。とりわけ、保育者は日々の保育を通じて、子どもと毎日かかわりをもっており、子どもの変化を早期に発見しやすい立場に置かれている。早期支援の大切さを理解している保育者は、子どもに障害の疑いがあれば、いち早く状態を把握し、家族や専門機関につないでいこうとするだろう。このように、他の専門職と連携していくことも保育者の役割として重要となる。

　しかしながら、障害の受容は、個人差もあるため、問題が複雑化する場合もある。このような場合には、保護者の不安をさらに増長させないよう、保護者の気持ちや日々の苦労に対し、ねぎらいの言葉や共感の姿勢で対応することが大切になる。また、保護者が子どもと前向きに向き合えるよう、保護者の様子をよく見ながら伝える時期についても考慮するなど、見通しをもったかかわりや関係構築に努めることも必要となってくる。

　「個別的な対応が求められる家庭」や「特別な配慮が必要な家庭」の保護者を支援しながら、親子関係や養育力の向上をめざしていくために、保育者には相談援助技術（後述）を発揮することが求められる。子育て支援のなかでは、カウンセリングやソーシャル・ワークなどの専門的な技術が用いられる場面も当然出てくることだろう。

　園長や主任保育士をはじめとする経験の長い保育者は、こうした専門的な技術を、特段意識することなく、日々の保育実践や家庭支援のなかで用いているだろう。子ども家庭支援とは、決して近年になって出てきた新しい概念ではなく、職能としての保育の歩みのなかで、保育者がもつ「**保育の専門性**」を基盤に実践されてきた、家庭に対する応答とサポートのスキルであるともいえる。

　保護者との協働的な関係を構築し、各家庭と連携していくためには、各家庭の状況や課題を明確化し、保育所として、さらに一保育者として、何をどこまでできるのか、保育相談援助の実際を計画的に考えていく必要が出てくる。

(1) 保育所保育指針における「子育て支援」の位置づけ

　2017（平成15）年の保育所保育指針改定では、それまで「保護者に対する支援」とされていた章が、「子育て支援」に改められた。昨今では、保育所を利用している子どもの保護者だけではなく、子育て中のすべての家庭のための包括的な支援の必要性が求められている。つまり、子育て支援を行うにあたって、保育所利用の子どもと保護者はもちろんのこと、保育所のある地域の子どもやその家庭に対しても支援をしていくことが重要ということになる。

　保育所における保護者に対する「子育て支援」は、すべての子どもの健やかな育ちを実現することができるよう、第1章および第2章等の関連する事項をふまえ、「子どもの育ち」を家庭と連携して支援していくとともに、保護者および地域が有する子育てを自ら実践する力の向上に資することが示されている。留意すべき点として、保護者の状況に配慮はするものの、「子どもの福祉が尊重されること」とされ、子どもの最善の利益が優先されることが明記されている。

(2) 保育における相談援助

1) 保護者の気持ちを受容する

　子育て支援や保育相談を受けるに当たっては、保育者は保護者一人ひとりの思いをそのまま受け止める受容的態度で関わり、家庭を尊重していくことが大切である。どの保護者もわが子の親でありたいと願っており、親としての力を保持している。保育者がその願いや力を信じることは、家庭への相談援助を行う上での基本となる。つまり、保護者の気持ちを認め、それぞれが抱く思いを継続的に支えていくことが保育者の役割として重要なのである。このように、保育者の家庭に対する受容と信頼の姿勢が、最終的には保護者を通じた「子どもの最善の利益」(*1)へと結びついていく。

2）保護者とのコミュニケーションを図る

　保育者は、どのようなかかわり方をすれば子どもと保護者との関係がよりよくなっていくかを常に意識して、家庭を支援していくことが大切である。保育者による相談援助の技術には様々なものが考えられるだろう。たとえば、子どもの思いを保護者に伝える「代弁」がある。保育者が、子どもの気持ちを客観的にとらえ、保護者に伝えることは、両者の関係を修正することにつながっていく。つまり保育者の「代弁」を通して、保護者のなかに子どもを気持ちをとらえ、子どもを理解する視点が育っていく。

　また、保育者による「共感」の姿勢も重要になる。保育者は子どもの成長に直接的にかかわり、支えていく存在である。子どもの成長は保護者の喜びであると同時に、ともに支えてきた保育者の喜びでもある。子どもの成長に対する保護者と保育者の喜びの共有は、同じ体験を有する者同士の「共感」を超えた「同感」といっても過言ではない。ただし、あくまで保護者の親としての立場を尊重すること。すなわち、子どもの育ちを支えている親のもっている力そのものを認め、親であることへの自信を獲得できるような支援のあり方が大切になってくる（⇒第4章、第5章も参照）。

4　子どもの権利を守るために

(1) 子どもの権利と保育の専門性

　本節では、「保育の専門性」とは何か、何のための専門性なのか、改めて詳しく考えていこう。子ども一人ひとりの育ちを尊重し、その存在に対して専門職としてどのような視点で保育を行うかは、保育者の基本姿勢として重要である。保育の専門性を発揮するには、子どもの育ちを敬い、子どもの権利条約に則った保育の実現に必要な知識や技能の獲得が必要になるだろう。つまり、常に「**子どもの最善の利益**」を考慮できているか、保育者として自己を評価していく姿勢が欠かせないということになる。

　2017年に改訂された保育所保育指針では、「子どもの最善の利益を考慮する」という記述が多く用いられている。第1章「総則」においては、「保育所保育に関する基本原則」のなかで、子どもの最善の利益を考慮する「保育所の役割」について言及している。

保育所保育指針　第1章　総則
1　保育所保育に関する基本原則

ア　保育所は、児童福祉法（昭和22年法律第164号）第39条の規定に基づき、保育を必要とする子どもの保育を行い、その健全な心身の発達を図ることを目的とする児童福祉施設であり、<u>入所する子どもの最善の利益を考慮し</u>、その福祉を積極的に増進することに最もふさわしい生活の場でなければならない。　　　　　（保育所保育指針　平成29年告示、下線は筆者）

　上記の記載からも、子どもを一市民として尊び、健全な心身の育成とそのための生活保障を担っていくことが保育者の責務であることが理解できるだろう。

すなわち、保育が子どもにとっての「生きる権利」「守られる権利」「育つ権利」「参加する権利」を保障する機会となっているのかを意識しなければならない。

　また、子どもの権利の基本ともいえる一般原則については、折に触れて確認し、自身の保育を振り返ってほしい。この一般原則には、「子どもの最善の利益」のほか、「差別の禁止」「子どもの参加」「生存と発達」の4つがある。これらを常に意識しながら、適切な保育を考えた上での行動や配慮を行うことが不可欠であり、保育者の専門性の基本となるべきものである。

(2) 専門性を支える倫理観と価値観

　保育所保育指針の第5章「職員の質の向上」では、「職員の資質向上に関する基本的事項」として、保育者の専門性として高い倫理観が求められることを明示している。

保育所保育指針　第5章
職員の資質向上　1 職員の資質向上に関する基本的事項

（1）　保育所職員に求められる専門性

子どもの最善の利益を考慮し、人権に配慮した保育を行うためには、職員一人一人の倫理観、人間性並びに保育所職員としての職務及び責任の理解と自覚が基盤となる。各職員は、自己評価に基づく課題等を踏まえ、保育所内外の研修等を通じて、保育士・看護師・調理員・栄養士等、それぞれの職務内容に応じた専門性を高めるため、必要な知識及び技術の修得、維持及び向上に努めなければならない。

（保育所保育指針　平成29年告示、下線は筆者）

　保育者は、子どもや保護者の支援に係わる子ども家庭福祉の専門職であるという自覚をもち、その責任が果たせるよう知識、技術を身につけながら、自己の倫理意識を向上させていくよう努めなければならない。保育士という専門職としての行動規範やルールを示した指針としては、「**全国保育士会**(＊2)倫理綱領」がある。

　2003（平成15）年に全国保育士会では、子どもの育ちにかかわるすべての保育士・保育教諭が遵守すべき内容を盛り込んだ倫理綱領を策定し、総会において採択されている。すなわち、倫理綱領とは、専門職自身が専門職集団内部の行動を規定する文章であり、専門職を専門職たらしめるものだといえよう。

　「全国保育士会倫理綱領」は、前文と8か条で構成されている。倫理綱領には、子どもが自ら伸びゆく無限の可能性を保持していることが示され、保育士や保育教諭は、愛情をもって子どもを育て、養護するとともに、その可能性を最大限に広げるよう働きかける存在であることが明記されている。そして、その働きかけの基本には、子どもを権利の主体者としてとらえ、その人権を守る理念が掲げられている。すなわち、一人ひとりの子どもたちが生きるそのときそのときが「最善」の状態であることが重要であり、この状態の積み重ねが、子どもたちの生きる力を育て、現在（いま）が未来（あす）へとつながっていく。

　本綱領の3つの宣言では、①子どもの育ちを中心に考える、②その子どもの幸せのために

保護者および家庭の支援を行う、③その家庭を取り巻く社会の働きかけを自らの使命・役割としており、保育士や保育教諭は、子どもの自ら伸びゆく力や、保護者が行う子育てを「支える」専門職であることが示されている。

さらに、これら宣言を具現化するための条文として、以下8条がある。

（保育士の倫理綱領・8か条）
1. 子どもの最善の利益の尊重
2. 子どもの発達保障
3. 保護者との協力
4. プライバシーの保護
5. チームワークと自己評価
6. 利用者の代弁
7. 地域子育て支援
8. 専門職としての責務

---

(3) 専門職としての職務

2003（平成15）年に策定された「全国保育士会倫理綱領」は、全国保育士会の活動の根本となるものであり、「保育所保育指針解説」においても、条文と内容的に関連する記載がある。倫理綱領に示された内容・意義については、一人ひとりの保育者が適切な認識のもとに、意識に深く根ざし、倫理綱領に謳われているすべてのことがらについて、行動していけるようになることが求められている。先に示した全国保育士会倫理綱領の前文は、専門職としての保育士の宣言となる。

5　専門性に基づく保育のあり方と留意点

保育所保育指針解説では、子どもの育ちを家庭と連携して支援していくとともに、保護者および地域が有する、子育てを自ら実践する力の向上に資するよう、次の事項に留意して子育て支援を行うことを提示している。

(1) 保育所における保護者に対する子育て支援の原則

本章の冒頭でも示したように、児童福祉法第18条の4は、「保育士とは、（中略）保育士の名称を用いて、専門的知識及び技術をもって、児童の保育及び児童の保護者に対する保育に関する指導を行うことを業とする者をいう」と定めている。

子どもの保護者に対する保育に関する指導とは、保護者が支援を求めている子育ての問題や課題に対して、保護者の気持ちを受け止めつつ行われる、子育てに関する相談、助言、行動見本の提示、その他の援助業務の総体を指している。子どもの保育に関する専門性を有する保育士には、各家庭において安定した親子関係が構築できるよう努めることが求められている。具

体的には、保護者の養育力の向上につながることをめざしながら、保育の専門的知識や技術を背景として支援を行っていくことになる。

　繰り返しになるが、保育所における保護者に対する「子育て支援」のあり方として重要なことは、「子どもの最善の利益」を念頭に置いて、保育と密接に関連して展開していくこと、そしてそのことへの理解を深めていくことである。

(2) 保護者と連携して子どもの育ちを支える

　保護者に対する「子育て支援」にあたっては、保育士などが保護者と連携して子どもの育ちを支える視点をもって、子どもの育ちの姿とその意味を保護者に丁寧に伝え、子どもの育ちを保護者とともに喜び合うことを重視している。保護者の養育する姿勢や力の発揮を支えるためにも、保護者自身の主体性、自己決定を尊重することが基本となる。

　実際の「子育て支援」を行うに当たっては、子どもと保護者の関係、保護者同士の関係、子どもや保護者と地域の関係を把握し、それらの関係性を高めていくことが大切になる。保育者との良好な関係性は、保護者の子育てや子どもの成長を支える大きな力になっていく。このことを念頭に置いて、保育者側から働きかけていくことも必要となる。

　保育所は、家庭や地域の様々な人々と連携しながら保育を行っていく。その上で、子どもの保護者や地域の子育て世帯に対する「子育て支援」の実施は、今後一層、保育者の専門的かつ日常的な業務となるだろう。これまで示してきたように、保育士は保育者としての専門性と適切な倫理観をもち、専門的知識と技術と判断に基づいて子どもを保育し、保護者を支援していくことを通して、地域の福祉力の向上に努めていくという重要な役割を担っている。

🖎 ワーク 4-1　保育の専門性について考えてみよう

① あなたが考える保育者の専門性とはどのようなことか、考えてみましょう（200字程度）。

② 保育の専門性を発揮していく上で留意したい点を5つ、箇条書きであげてみましょう。

キーワード

保育の専門性　子どもの最善の利益　相談援助　全国保育士会倫理綱領　家庭・地域との連携

用語解説

＊1〔子どもの最善の利益〕　「児童の権利に関する条約」第3条1項によると、「児童に関するすべての措置をとるに当たっては、公的若しくは私的な社会福祉施設、裁判所、行政当局又は立法機関のいずれによって行われるものであっても、児童の最善の利益が主として考慮されるものとする」とされ、保育者や家庭が子ども一人ひとりの状況や思いに寄り添った保育や子育てをしていくことの重要性が強調されている。

＊2〔全国保育士会〕　「全国保育士会」は、1956（昭和31）年に保育士（保母）が集まって結成された団体で

ある。現在は、全国社会福祉協議会のなかのひとつに組み込まれており、保育士の社会的な地位向上や処遇改善をめざし、活動を行っている。昨今は、保育士の質的向上、子育てしやすい環境整備、地域社会への発信と様々な研究や事業に従事している。

▌ ブックガイド

柏女霊峰監修、全国保育士会編（2018）『全国保育士会倫理綱領ガイドブック（改訂2版）』全国社会福祉協議会▶「全国保育士会倫理綱領」の内容を一人ひとりの保育士がしっかり理解し日々の実践に活かせるよう、わかりやすく解説している。条文ごとに具体的な事例が示され、保育や幼児教育を学ぶ学生にとっても理解を深めやすい構成となっている。平成30年施行の保育所保育指針、幼保連携型認定こども園教育・保育要領も掲載されている。

亀崎美沙子（2018）『保育の専門性を活かした子育て支援 ──「子どもの最善の利益」をめざして』わかば社▶保育の専門性を活かしていくために、なぜ保育者が子育て支援を行うのかを明らかにし、保育者としての独自性について説明している。さらに、「子どもの最善の利益」の保障について、具体的な実践のあり方と子育て支援における「6つの視点」を提示している。全米乳幼児教育協会（NAEYC）倫理綱領についても紹介しており、日本の保育現場においても参考になる。

（佐藤　純子）

第5章 子どもの育ちの喜びの共有

本章のポイント

● 保護者と子どもの育ちの喜びを共有することの意味を理解する。
● 子どもの育ちの姿をとらえ、保護者に伝える際の視点について理解する。

1 「子どもの育ちの喜びの共有」とは

「子どもの育ちの喜びの共有」とは、保育所で行う子育て支援として、保育士が子どもの育ちや成長を保護者と分かち合い、保護者が子育ての喜びを感じられるように援助することである。このことは、2018（平成30）年4月に施行された保育所保育指針「第4章　子育て支援」に定められている。子育て支援において、保護者と子どもの育ちをともに喜び、分かち合う（共有する）ことは、幼保連携型認定こども園教育・保育要領（2018〔平成30〕年4月施行）にも同様に謳われている。また、幼稚園教育要領（2018〔平成30〕年4月施行）においても、子育て支援について触れられ、幼稚園教育要領解説では、保護者が子育ての喜びを共有する場としての幼稚園の役割が述べられている。

このように、保育や幼児教育にかかわる子育て支援には、共通して、保護者と子どもの育ちの喜びを分かち合うことがあげられている。そこでまず、保育所保育指針、幼保連携型認定こども園教育・保育要領、幼稚園教育要領の示すところから、子育て支援としての「子どもの育ちの喜びの共有」についてみていこう。

(1) 保育所保育指針では

保育所保育指針では、子育て支援に関する基本的事項を述べる箇所に「子どもの育ちの喜びの共有」に関する記載がある（保育所保育指針 第4章）。この基本的事項は、(1) 保育所の特性を生かした子育て支援として、アとイに分けられている。アでは、保護者に対して子育て支援を行う際の基本的な姿勢が述べられている。①各地域や家庭の実態等をふまえる、②保護者の気持ちを受け止める、③相互の信頼関係を基本に保護者の自己決定を尊重する、の3つである。

保育所を利用する家庭には様々な形態があり、保護者の働き方も多様である。各家庭の状況に合わせて支援を行うのは当然のことであり、それぞれの家庭、保護者が抱える背景に思いを寄せておくことが必要だろう。たとえば、ある家庭ではいつもお迎えが遅くなり、子どもが寂しい思いをしているのではと保育士が感じているとしよう。保育士は子どもの側に立って、お迎えが遅い保護者を責めたくなる気持ちが生じるかもしれない。しかし、それでは保護者の状況をふまえたことにはならず、保護者の気持ちを受け止めることにもならない。お迎えに行きたいのに仕事が切り上げられず、遅くなって焦る保護者の状況をふまえれば、お迎えに来た保

護者に対して、遅れたことを非難するような言動は出てこないだろう。子どもに対しても、お迎えが遅くて寂しい気持ちを受け止めつつ、仕事で遅くなった保護者が急いで向かっている姿が思い浮かぶような言葉をかけて、一緒に保護者を待っている雰囲気が生まれるような働きかけをするにちがいない。

　子育て支援に限らず、様々な支援において、援助の対象となる人の**自己決定**[*1]を尊重することが基本である。保護者に対する子育て支援も同様である。子育てには、誰が見ても間違っているやり方（たとえば、虐待などで子どもを傷つけること）はあっても、これしかないというような、正しいひとつのやり方があるわけではない。そのため、これがよい、これが正しいと思って子育てしていても、どこかでこのやり方でいいのだろうか、他にもっといい方法があるのでは、と迷いが生じることは多々ある。保護者が自信をもって子育てを行うためには、保護者が自ら選び、行ったことを支えることが大切である。

　保護者が不適切な養育をしている場合はどうだろう。自己決定を尊重するといっても、不適切な養育まで尊重するのではない。保育所保育指針解説では、「一人一人の保護者を尊重しつつ、ありのままを受け止める**受容的態度**が求められる」とした上で、「受容とは、不適切と思われる行動等を無条件に肯定することではない」と続けている。もし保護者に不適切な行動があった場合でも、「そのような行動も保護者を理解する手がかりとする姿勢を保ち、援助を目的として敬意をもってより深く保護者を理解する」と説明している（厚生労働省、2018：344）。保護者の不適切な行動は改めるように働きかけなければならないが、その場合でも、そうした行動をとるに至った保護者の気持ちを理解しつつ行うことが大切だということである。

　イでは、「保護者が子どもの成長に気付き子育ての喜びを感じられるように努める」と明示されている。ここでは、(1)「保育所の特性を生かした子育て支援」の一項目として示されていることに注意したい。保育所は、多くの子どもたちが生活し成長する場であり、保育士をはじめ様々な専門職がかかわる子育ての場である。こうした環境や特性を活かして、保護者が子どもの成長に気づき、自分の子どもが確かに育っているという実感をもって預けられるようにかかわることが重要なのである。

　保育所で生活する子どもの姿を、保護者は直接見ることはできない。その日にどんな活動をして、どんなことで遊び、友だちや保育士とどうかかわったか。そのとき、どんなことでつまずき、それを乗り越えていったか。そうした日々の姿が積み重なっていき、子どもが育っているという確かな実感が生まれる。子どもの成長に気づくとは、子どもの姿や様子を適切にとらえ、それを保護者に伝え、保護者と一緒に分かち合う（共有する）ことからはじまるのである。

　成長の喜びを共有するには、子どもが成長する姿をしっかりととらえ、保護者に伝えていくことが必要である。成長する姿は、何かができるようになったことだけで表わされるのではない。子どもの成長は、子どもが過ごす日々の生活のなかにある。したがって、子どもの育ちを分かち合い、その成長の喜びを共有するために、保護者に子どものどんな姿を伝えるかが非常に大切になってくる。この点については、次節で詳しく述べることにする。

（2）幼保連携型認定こども園教育・保育要領では

幼保連携型認定こども園教育・保育要領

第１章　総則

第３　幼保連携型認定こども園として特に配慮すべき事項

７　保護者に対する子育ての支援に当たっては、この章に示す幼保連携型認定こども園における教育及び保育の基本及び目標を踏まえ、子どもに対する学校としての教育及び児童福祉施設としての保育並びに保護者に対する子育ての支援について相互に有機的な連携が図られるようにすること。また、幼保連携型認定こども園の目的の達成に資するため、保護者が子どもの成長に気付き子育ての喜びが感じられるよう、幼保連携型認定こども園の特性を生かした子育ての支援に努めること。

　（中略）

第４章　子育て支援

第１　子育ての支援全般に関わる事項

１　保護者に対する子育ての支援を行う際には、各地域や家庭の実態等を踏まえるとともに、保護者の気持ちを受け止め、相互の信頼関係を基本に、保護者の自己決定を尊重すること。

２　教育及び保育並びに子育ての支援に関する知識や技術など、保育教諭等の専門性や、園児が常に存在する環境など、幼保連携型認定こども園の特性を生かし、保護者が子どもの成長に気付き子育ての喜びを感じられるように努めること。

　幼保連携型認定こども園教育・保育要領では、「第１章　総則第３　幼保連携型認定こども園」として特に配慮すべき事項７に、保護者に対する**子育て支援**(*2)として、「保護者が子どもの成長に気付き子育ての喜びが感じられるよう……努めること」と示されている。総則で「喜びが感じられるように努める」と記載している点が、保育所保育指針（以下、指針と記す）との違いである。「第４章　子育て支援」では、保育士を保育教諭、子どもを園児と、こども園での名称に変えてある以外は、指針とほぼ同じ文章で、子どもの育ちの喜びの共有について述べられている。

　幼保連携型認定こども園教育・保育要領解説では、保護者と育ちの喜びを共有することについて、保護者との**共感**という言い方で説明する。「保育教諭等が保護者との連携や交流を通して、子どもへの愛情や成長を喜ぶ気持ちを共感し合うことによって、保護者は子育てへの意欲や自信を膨らませることができる」（内閣府ほか，2018：150）。

　共感し合うとは、「感情や気持ち」を一緒にわかり合うことである。どんな「感情や気持ち」をわかり合うかといえば、子どもへの愛情や成長の喜びをわかり合うのである。共感には、もともと、相手の気持ちをくみ取る、相手の気持ちをわかる、という意味がある。保護者に対して共感的態度で接するというとき、保護者の気持ちをくみ取り、寄り添う態度のことを指している。共感し合うとなると、お互いの気持ちを一緒に味わう、ともに感じ合うという意味が強調される。

　実際に保護者と子どもへの「感情や気持ち」を共感し合う手順は、次のようになるだろう。

まず、日々の子どもの姿から、保育士が子どもの確かな成長を感じ取る。今までできなかったことができるようになったというだけではなく、友だちと満足いくまで遊んだ姿であるかもしれないし、悔しい気持ちや残念な気持ちを我慢する姿であるかもしれない。子どもが生活のなかで発した言葉や新たに見せた思いがけない一面であってもよい。そこで保育士が子どもの育ちを感じ取った喜びは、いわば小さな感動の体験である。そうした姿を見て感じた保育士の喜びを保護者に伝え、それを聞いた保護者も同じように喜びの気持ちを味わうことができれば、それこそが喜びを共感し合う体験になる。

　先に子どものどんな姿を伝えるかが大切であると述べた。子どもの姿を共有し合うことに加えて、そこで生じた喜びの気持ちも共有し合うことも、同じように大切である。こう考えると、保育士が子どもの姿から何を感じたかを自覚しておくことが必要になってくる。

　また、保護者と子どもの姿について共感し合うとき、保護者が心配や不安を抱いているときにも、その気持ちに寄り添うことも忘れてはならない。保育士から見て、子どもが育つ過程のひとつとして理解できること（たとえば、けんかやいざこざ。あるいはだだをこねるなど）も、保護者から見ると、とても成長の姿と思えず、不安を抱くことがあるかもしれない。その場合、保護者の不安を受け止めつつ、その子どもがどんな育ちの過程にあって、今の行動が生じているかを説明し、それがどのように変わっていくかの見通しを説明できるとよい。最初は成長の姿とは見えなかったことも、育ちの過程のなかで見てみると成長する姿であったということもよくある。すぐに成長の喜びを共感し合うことができなくても、保育士に育ちの見通しができていれば、それは長い目で見て喜びに変わっていくこともあり得るのである。

(3) 幼稚園教育要領では

　幼稚園教育要領には「子どもの育ちの喜びの共有」に関する直接の記載はない。子育て支援については、幼稚園が地域における幼児期の教育のセンターとして、多様な役割を果たすよう努める、と示されている。その役割のひとつとして、「保護者が子育ての喜びを共感する場としての役割」（文部科学省，2018：255）が挙げられている。また、保護者が安定した気持ちで子どもを育てていくことを支えることが大切であるとし、「保護者の子育てに対する不安やストレスを解消し、その喜びや生きがいを取り戻して、子供のよりよい育ちを実現する方向となるよう子育ての支援を行うこと」（文部科学省，2018：132）と述べられている。

　「子どもの育ちの喜び」を共有するのは、保育士と保護者、保育教諭と保護者だけはなく、保護者同士や地域の人たちとの間であってもよい。地域の子育てにおける保育や教育のセンターとしての役割は、こうした交流を促す役割も担っている。地域の子育て支援については、本書の第3章、第11章を参照してほしい。

　いずれにしても、保護者とともに子育ての喜びを分かち合い、保護者が子育てに自信と生きがいをもって取り組めるようになるために、子どもの成長した姿を保護者と共有し合うことは、保育士、保育教諭、幼稚園教諭に共通した子育ての専門職としての役割だといえるだろう。

2　子どもの姿をとらえる

　子どもの姿を保護者に伝える際には、子どもの姿をある視点にそって選び、取り出して、具体的に伝えることが必要である。「今日もいい子でしたよ」「お友だちといっぱい遊びました」と伝えるのと、「今日の水遊びの時間では、体調のことがあってプールに入らないように聞いていたので、水着に着替えなかったしプールにも入らなかったんですが、水遊びがしたかったようで、お友だちに混じって水のかけっこをしたときに少し濡れちゃったんですよ」「プールにも入りたがったんですが、お話ししたら我慢できました」と伝えるのとでは、どちらの伝え方がよいか明らかだろう。後者の方が、具体的で、その子の行動と心の動きが、保育士が読み取った育ちの姿と合わせて伝えられている。

　子どもの姿をとらえ、それを保護者に伝えることは、ビデオに撮った子どもの姿をそのまま見せるのと、まったく違う(*3)。子どもとかかわる「**保育士の視点**」が必要不可欠であり、関わりのなかで保育士が体験したこと、感じたことをあわせて伝えることに意味がある。そして、その子の育ちをどのような視点から取り出し、選んだかに、保育の専門性が表われるのである。

　その日の様子をただ伝えるだけであっても、保育士の視点が加わることによって、子どもの育ちの姿を描き出すことができる。保育士の視点には、その子のそれまでの育ちや特徴、その子がいま直面している課題や、どう育っていってほしいかという保育士の願いが含まれているからである。

　子どもの姿をとらえる視点は、その子の発達の状況やそのときの保育のねらい、保育計画などと関連して、子どもの姿から子どもの理解へとつながっていく広がりをもっている。子どもの姿を伝えるなかで、結果として、保育計画に基づいた今のねらいや、活動の目標を伝えることもできるのである。

　保育所では、一人ひとりの発達の状況、育ってほしい姿、年齢に応じたクラスでの保育計画や保育のねらいがあって、日々の活動が選ばれる。それらの活動を通じて、それらの活動が積み重なる保育所で生活を通して、子どもたちは育っていく。子どもが成長する姿は、保育計画や保育のねらいに照らしてとらえることもできるし、一人ひとりの子どもの状況に照らしてとらえることもできる。その子の育ちや発達、課題などをふまえた保育士の視点によって、子どもが成長する姿が浮かび上がるのである。

　さらに、子どもの姿を伝えるとき、保育士が子どもとどうかかわったか、どのように子どもの行為の意味を読み取ったかも合わせて伝えることによって、保護者に子育てに関する気づきやヒント、子どもとのかかわり方についての新たな視点を伝えることもできる。

　特に、ある場面での子どもの行為の意味を読み取り、それを保護者に伝えることは、子どもの育ちに対する保育士の見方、そこに潜む子どもの成長する力を保育士がどう理解したかを知ってもらう意味でも大切になってくる。保育の一場面、ある出来事での意味が、それを読み取る視点や見方によって変わることがあるからである。

　たとえば、けんかの場面で、けんかしたある子どもの姿をとらえるとき、主張が強くて譲り

合う気持ちが育っていないととらえるか、主張することで自分の思いを確かめる段階にいて、まだ相手と思いを合わせたり、ずれを認め合ったりする段階にはないととらえるかでは、その後の働きかけが変わってきてしまう。けんかになったときの、その子の育ち、それまでの相手とのかかわりの経緯、その子の心にどういう動きがあってけんかに至ったかまで読み取って、その場面の意味を考える必要がある。けんかを収めるときにも、保育士は子どもたちの話を聞き、お互いの思いを伝え合って、どうしたらいいか話し合いながら、いけないところは注意し、納得するところと納得できないところを伝え合い、仲裁役としてかかわることだろう。

けんかという些細な一場面でも、それまでの相手との関係や、その子の主張や思い、我慢したり譲り合ったりする気持ちの育ちと関連して、その出来事が起こっている。子どもの行為の意味は、関連した多くのことから読み取られ、理解されるべきものであり、そこにも、日々の生活をともにし、子どもが育つ姿に寄り添っている保育士の視点が必要な理由がある。

子どもの育ちの喜びというとき、子どもができるようになったり、確かに成長したと感じられたりするプラスの出来事を指して考えがちである。子どもの姿に見られるマイナスなこと、ネガティブなこと、子どもができなかったり、いざこざを起こしたりする姿は、育ちの喜びには入らないのだろうか。決して、そんなことはない。しかし、子どものマイナスの姿をこれからの育ちとして理解するためには、その姿を育つ過程の一場面として理解する保育士の視点が必要になってくる。

子どものマイナスの姿を保護者に伝えるときには、ただ起きた出来事を伝えるだけではなく、その姿がこれからの育ちにつながる過程のひとつであることも合わせて伝えられるとよい。出来事の結果だけを伝えるのではなく、その場面の状況やそこに至るまでのつながりを伝えることができれば、たとえそれがマイナスの姿であっても、子どもが育っていく過程の姿として、伝えることができるからである。

3　保護者とのコミュニケーション

保護者と子どもの育ちの喜びを共有するためには、日頃から様々な機会を利用して保護者とコミュニケーションをとることが必要である。保育所保育指針解説では、**保護者とのコミュニケーション**について、「保育所における保護者とのコミュニケーションは、日常の送迎時における対話や連絡帳、電話又は面談など、様々な機会をとらえて行うことができる」としている。

また、保護者との相互理解を図るための手段として、連絡帳、保護者へのお便り、送迎時の対話、保育参観や保育への参加、親子遠足や運動会などの行事、入園前の見学、個人面談、家庭訪問、保護者会などがあげられている。保育参観や保育への参加、行事など、保護者が保育所での子どもの様子や活動している姿を直接見ることができる場面は、育ちの喜びを共有するための大事な機会である。保護者がどんな場面で子どもの成長に気づいたり、確かな育ちと感じられたりしたか、子どもの姿を保育士と振り返りながら共有することができる。**保育士の視点**と保護者の見方が違っている場合でも、その場で見た子どもの姿から、違いについて話し合

うこともできるし、保育士が読み取る子どもの育ちの姿について説明することもできるだろう。

　一方、送迎時や連絡帳、お便りなどで子どもの姿を伝える場合、保護者が直接に見ていない子どもの様子を含めて伝えなければならず、より具体的な説明や、場面や状況がわかるような工夫が求められるだろう。送迎時の会話や連絡帳には、保護者と保育士が子どもの様子を確認し合う役目もあり、心配事や相談などが寄せられることもある。保護者が伝えたいことを受け止め、確認したいことを伝えるとともに、心配事や相談に対応することも大事になってくる。

　いずれにせよ、保護者とのコミュニケーションを通じて、保育士は子どもの成長や育ちを取り上げ、保育士が感じた育ちの喜びと、成長や育ちにかかわる保育士の視点をあわせて伝えていくことが大切である（⇒第10章も参照）。

📖 ワーク5-1　子育てについて知ろう

ステップ1　次の①〜③について、あなたはどのように思いますか。思いつく限りあげてみましょう。①「子育て」で大変だった／だと思うこと、②「子育て中の生活」で大変だった／だと思うこと、③子育てをする中で感じた／感じる「喜び」

ステップ2　あなたの保護者や周りの人（子育て経験者）に、①〜③について聞いてみましょう。思いつく限りあげてもらいましょう。

ステップ3　あなたが考えた内容と、子育て経験者があげた内容とをくらべてみましょう。

ステップ4　4〜5人のグループをつくり、グループメンバーと内容を共有しましょう。

キーワード

自己決定　受容的態度　共感　保護者とのコミュニケーション　保育士の視点

注・用語解説

＊1〔自己決定〕　自分に関することを自分で選択し決定すること。社会福祉領域において、自己決定はケースワークの原則として重視されている。

＊2〔子育て支援〕　指針の総則で子育て支援について触れている箇所は、1 保育所保育の基本原則　（3）保育の方法のカ「一人一人の保護者の状況やその意向を理解、受容し、それぞれの親子関係や家庭生活等に配慮しながら、様々な機会をとらえ、適切に援助すること」である。

＊3　保育活動や子どもの姿を観察するためビデオで記録する場合がある。ビデオの映像からは様々な意味が読みとれる。それを子どもの育ちをとらえるのは、ビデオを見た人の視点による。

ブックガイド

今井和子（2009）『保育を変える記録の書き方　評価のしかた』ひとなる書房 ▶書名は記録の書き方、評価のしかたとなっているが、単に書き方や評価法を超えて、保育における子育て支援について、大切な考え方や姿勢が述べられている素晴らしい本である。日誌、連絡帳、保育記録の書き方について、何をどう書いたらよいか、なぜそう書かなければならないか、丁寧に説明されているので、初心者はもちろん中堅からベテランの保育士にも参考になる。

（原　信夫）

本章のポイント

● 子育て支援の際に求められる保育士の基本的態度について理解する。

● バイステックの7原則にある対人援助の基本を理解する。

● 保護者支援を行う場面について理解する。

1　保育所保育指針の「保護者に対する基本的態度」

　保育士は、保護者や子どもとの日常的なかかわりのなかで、コミュニケーションを通じて信頼関係が構築されるよう意図的なかかわり方をしていく必要がある。特に、保護者や子どもに対して援助を行う際に求められている基本的態度がある。この基本的態度をとることで保護者や子どもとの信頼関係が構築されてゆき、円滑な援助につながっていくとされている。では、保育士が子どもや保護者に対して子育て支援を行う際に留意すべき点は何だろう。

　具体的な指針として、本章ではまず「保育所保育指針」とその解説を取り上げる。次いで、信頼関係を構築する上で代表的な指針として「バイステックの7原則」を取り上げていく。

　まず、保育所保育指針とその解説を具体的に見ていこう。

　保育所保育指針とその解説には、どのような点に留意して子育て支援を行うのかについて、「保護者に対する基本的態度」という項目で具体的に示されている。指針に「保護者に対する態度」とあるが、これは当然保護者だけでなく「子ども」に対してもあてはまることである。

　まず、保育士が保護者に対して取るべき基本的な態度のひとつは、「受容する」という姿勢である。**受容**とは、子どもや保護者のあるがままの姿を受けとめるということである（⇒第5章1参照）。子どもや保護者の態度、行動、考え方など、あるがままの姿をそのままに受け止め、受け入れるということである。特に保護者は、一人ひとりが様々な社会的立場、性格、個人的背景等をもっており、保育士に対する態度なども様々である。どのような態度や感情を示されたとしても、まずはひとりの人間として尊重し、受け止める姿勢が求められる。

　保護者に対して受容的な態度でかかわることで、保護者との信頼関係が醸成される。また、信頼関係の醸成のためには、受容的態度とともにプライバシーの保護や守秘義務が重要となる。安心して話をできる場所や状況を確保し、保護者の情報や相談内容などを他者に漏らさないようにする必要がある。

　さらに、保護者を支援する際には、支援の方針や方向性を保護者自身が選択や決定をする必要がある。保護者は、自分自身の意思で決定し、問題解決を図ることによって、自分で行動できるように保育士は側面的に援助を行うことが大切である。

　保育士が行う子育て支援の方法は、**ソーシャルワーク**の手法等を用いて行われる。これは、保育学が福祉領域の一部であり、保育士も社会福祉専門職のひとりであるからである。社会福祉の専門職がクライエントに対する支援方法として用いるのがソーシャルワークである。このソーシャルワークの手法は保育所などにおいても有効であり、保育の場合はこれを保育ソーシャルワークと呼んでいる。

　ソーシャルワークを行うにあたってクライエントとの関係構築のための基本的な態度として、代表的なものに**バイステックの7原則**があげられる。バイステックの7原則とは、アメリカの社会福祉学者フェリックス・バイステック（F.P. Biestek）が、ケースワークにおける関係構築に必要不可欠な原則を7つに整理したものである。このなかでは、クライエントとソーシャルワーカー間の「信頼関係（ラポール）」を構築するための倫理と行動の原則が示されている。上記のように保育ソーシャルワークの場面においてもこの原則は有効であり、保育士と保護者や子どもとの関係構築のための重要な原則であると考えられる。以下では、バイステックの7原則を、主に保育士と保護者や子どもとの関係性からとらえて説明していきたい。

(1)　個別化の原則

　子どもや保護者を「個人」としてとらえるということである。

　子どもや保護者が抱える問題や生活課題には、一人ひとり違いがある。保育士は、一人ひとりの違いや個性を理解しながら援助することが大切である。また、たとえ同じようにみえる問題や生活課題を抱えていても、子どもや保護者を取り巻く環境や状況には一人ひとり違いがあり、さらに考え方や感じ方も当然異なる。これまでの経験などは活かしつつも、決してそれだけに頼ることなく、一人ひとりが違っているということを念頭に置き、新しいケースとして子どもや保護者と向き合うことが必要である。保育士は、こうした一人ひとりの状況の違いや個性を理解しながら援助していくことが大切である。

(2)　意図的な感情表出の原則

　子どもや保護者の感情表現を大切にするということである。

　子どもや保護者が問題や生活課題を抱えている場合は、自分の感情や気持ちをうまく表現できなかったり、抑え込んでいたりすることもある。そのため保育士には、子どもや保護者が感情を表現しやすい言葉かけや雰囲気づくりなどの配慮が求められる。子どもや保護者が抱えている感情は決してプラスのものばかりではなく、悲しみや憎しみなどの感情も含まれる。それらの様々な感情を自由に表現するための「意図的な」働きかけが必要になってくる。

(3)　統制された情緒的関与の原則

　保育士は自分の感情を自覚して吟味するということである。

子どもや保護者に対しては自由に感情を表出してもらえるよう働きかける一方で、保育士は様々な感情に流されることなく、冷静な判断のもとに、子どもや保護者に対して援助を行えるよう、自分自身の感情をコントロールする必要がある。そのためには、まず保育士が自分自身の感情の特性や特徴を知っておくことが大切である。たとえば、自分はこのような場面で感情的になってしまう、このような人物が苦手であるなどといったことを自覚しておくだけでも有効である。

(4) 受容の原則
　子どもや保護者のあるがままの姿を受けとめるということである。

　子どもや保護者の態度、行動、考え方など、あるがままの姿をそのままに受け止め、受け入れるということである。保護者は、一人ひとりが様々な社会的立場、性格、個人的背景をもっており、保育士に対する態度なども様々である。どのような態度や感情を示しても、ひとりの人間として尊重し、受け止める姿勢が求められる。

　しかしながらこの原則は、反社会的行動や犯罪行為に対しての同調を意味するものではない。

(5) 非審判的態度の原則
　子どもや保護者を一方的に非難しないということである。

　保育士は、自分の価値観や個人的な価値判断で、子どもや保護者を一方的に非難したり、行動や態度を批判したりしてはならない。保育士は子どもや保護者の行動や言動、態度の良し悪しを審判する立場にあるわけではなく、ともに考えていこうとするという態度でかかわる必要がある。この原則を実行することで、子どもや保護者との関係を発展させていくことができる。

(6) クライエントの自己決定の原則
　子どもや保護者の自己決定を促して尊重するということである。

　援助とは、援助者が一方的に指示を与えるなどして、本人に代わって何もかも決定することではない。保育士は子どもや保護者がエンパワメントできるよう支援することが大切である。エンパワメントとは、個人や集団が本来もっている潜在能力を引き出し、自分自身で問題解決ができる力を身につけるということである。つまり、子どもや保護者が、誰かの意思などに左右されることなく、自分自身の意思をもち、自分の方向性について決定していくことができるよう側面的に支援を行う。援助者が決定することは容易なことであり誤りは少ないが、肝心なのは自分自身のことは自分で決めるということである。保育士は、子どもや保護者に適切な情報提供などを行い、自らが選択し決定できるように援助していく。

(7) 秘密保持の原則
　子どもや保護者の秘密を保持して信頼関係を醸成するということである。

　子どもや保護者に関する情報は、決して他人に漏らしてはならない。保育士は職務上、子ど

もや保護者、家族の個人的な秘密に関する情報を知り得る立場にある。プライバシーの保護からも、そして信頼関係を構築する上でも、子どもや保護者の秘密を守ることは職務上の義務である。また、アセスメントなどを行う際に関係者や関係機関などから子どもや保護者の情報を収集することもある。さらに、必要があってほかの相談援助者や関係機関などへの情報を提供する必要がある場合は、原則として本人の了承を得ることが必要である。

なお、これらの7つの原則は、一つひとつが独立したものではなく、ソーシャルワークを行う過程において互いに関連し合い影響しているものである。

3 保育におけるソーシャルワークの展開

では、実際の保育の場面における相談の流れについて、支援の基本的な方法となるソーシャルワークの展開を確認していくこととする。

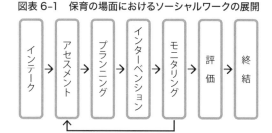

図表 6-1 保育の場面におけるソーシャルワークの展開

インテーク → アセスメント → プランニング → インターベンション → モニタリング → 評価 → 終結

(1) ケースの発見・インテーク

子ども・保護者の抱える生活課題が発見され、支援が開始される最初の段階を「インテーク」という。インテークを通して、子ども・保護者の問題状況を知り主訴を明らかにするとともに、支援を受ける意思があるかを確認することも必要である。保育現場では、日常や保育の場や子どもの送迎時や対応などで子ども・保護者とコミュニケーションをとり情報を得ることも多い。このような面接を「生活場面面接」という。この生活場面面接のなかから問題が発覚することもあり、また次のアセスメントに必要な情報を収集することもある。そのため保育士は、日々の保育のなかで、子ども・保護者の話を傾聴し不安を受容することでラポールを形成し、今後の良好な支援関係につなげていくことが重要である。

(2) アセスメント（事前評価）

アセスメントは、必要な情報を収集し、集めた情報から子ども・保護者の問題状況を把握し、分析を行い、子ども・保護者の解決すべき真の課題を明確にして、その問題が起こっている原因と背景を見立てていく段階である。

アセスメントにおいて必要な情報は、支援記録のフェイスシートに記録される支援対象者の基本情報（氏名、年齢、家族構成、職業、経済状況、心身の状況）、問題の内容、問題発生の時期、問題に対する本人や家族の思いや姿勢、子ども・保護者の家族関係、利用している社会資源などである。情報は子ども・保護者から得るだけにとどまらず、必要に応じて関係機関から情報を収集することも必要になる。

ここで留意する点としては、子どもや保護者の秘密を守るということである。情報を収集す

る際はもちろんのこと、必要に応じて他機関等へ情報を提供する際にも慎重な対応が求められる。

(3) 支援計画（プランニング）

　支援計画は、アセスメントで明らかになった子ども・保護者の課題やニーズに対して、具体的な支援の計画を策定する段階である。短期・中期・長期の目標と、課題の優先順位などを設定する。次に、それぞれの目標について具体的な計画を作成する。目標設定や計画の策定にあたっては、子ども・保護者にできるかぎり参加してもらい、立案することが望まれる。支援を行うことは、このプランニングを確認し、合意を得ることで成立する。実際の計画の実施においても、子ども・保護者自身が自己決定しながら計画を策定していくことが重要である。

(4) 介　入（インターベンション）

　子ども・保護者の策定した支援計画に基づいて支援を実施することを介入という。支援の中心となる活動は、計画を実施するかたちで行われる。保育士は子ども・保護者に直接働きかけ、ニーズを充足し問題解決できるよう支援する。また、子どもや保護者を取り巻く環境へアプローチし、社会的環境の関係調整を図っていくことも行う。社会資源の活用や、子ども・保護者の代弁を行うアドボケイトなど、関係機関と連携を図りながら課題の解決に向けてアプローチすることもある。子ども・保護者がニーズを充足し、自らが課題の解決に向けて取り組めるよう、そのプロセスを保育士は側面的に支えることが必要である。

(5) モニタリング

　モニタリングとは、支援が実際にどのように行われたのか、そのプロセスを観察し、どのような効果が出ているのかについての情報収集と分析を行うことである。期待した効果が得られていない場合は、何らかの問題が生じていると考えることができるので、必要に応じて、アセスメントの段階に戻って計画の修正などを行う場合がある。また、支援の途中で利用者やその環境に変化が生じた場合も、同様に再アセスメントを行い、計画の見直しを行う必要がある。

(6) 評　価

　それまで進められてきた支援が目標に到達できた、または設定された期間が終了するというところで、エバリュエーション（事後評価）が行われる。事後評価においては、支援をふり返り、支援計画の妥当性や効果、信頼性、有用性、直接性などが確保されていることが重要である。評価はできるかぎり、子ども・保護者とともに行うことが望ましい。

(7) 終　結

　子ども・保護者の抱える課題の解決がなされた場合や、何らかの事情で支援の必要性がなくなった場合、支援は終結となる。子ども・保護者の転居や死亡、あるいは一方的な申し出など

によって、支援が中断したり終結となる場合もある。

　終結は子ども・保護者が合意し、終結後の不安があまりないかたちで行われることが望ましい。支援が終結となった場合でも、新たな課題が生じた際には再び支援関係を結ぶことが可能であり、いつでも相談に来てほしいことを伝えることが必要である。また、ケースによっては終結後の支援を行う他機関や他施設を紹介する場合もある。

4　保護者支援を行う場面

　保育士が相談支援のスキルを活用して保護者支援を行う身近な場面としては、たとえば送迎時や連絡帳のやり取りなどがあるだろう。そうした機会を通した日々の積み重ねにより、保育士は保護者との関係構築を図り、話しやすい雰囲気づくりをしていくことで、問題が発生した際のスムーズな支援にもつながっていく（⇒第5章、第10章参照）。

　また、保育所側から提示される保護者面談や、保護者からの申し出による面談なども実施されている。子どもや保護者に困り感がない場合には慎重に対応する必要があるが、保護者からの申し出による支援に対しては積極的に取り組んでいく。

　いずれにしろ、日々の保育のなかで子どもや保護者との間に信頼関係を形成し、相談や支援の場面においては本章で述べたような基本的態度に留意して、支援を行っていく必要がある。

キーワード

受容　ソーシャルワーク　バイステックの7原則

ブックガイド

稲沢公一（2017）『援助関係論入門 ──「人と人との」関係性』有斐閣 ▶ 人は、人を助けなければならないのか？「困っている人に手を差しのべる」という素朴なイメージから、高度に専門的な援助まで、幅広い意味をもつ「対人援助」にまつわる基礎理論をやさしく解説する入門テキスト。人を助ける職業をめざすすべての人へ向けられた書籍である。

（佐藤　ちひろ）

第3部

多様な支援の展開と
関係機関との連携

第3部「多様な支援の展開と関係機関との連携」では、多様な子育て支援について学ぶ。子育て支援は、保育所を利用している子育て家庭も、利用していない子育て家庭も、対象としている。また、子育て家庭やそうした家庭が生活する地域には、それぞれに異なるニーズがある。子育て家庭の状況に合わせた子育て支援と、地域における子育て支援における取り組みについて知ってもらいたい。障害のある子どもや要保護児童と、それらの家庭への支援は、子育て支援の重要な取り組みのひとつである。最終章である子育て支援の現状と課題と合わせて、しっかりと学んでもらいたい。

第**7**章　子ども家庭支援の内容と対象

本章のポイント
- ●子ども家庭支援における対応について理解する。
- ●保育士が行う支援の視点を理解する。
- ●子ども家庭支援の対象について理解する。

1　保育士が行う子ども家庭支援の内容

　近年、家庭の養育力が低下しているといわれる（⇒序章参照）。共働きの家庭の割合は増加しており、祖父母と離れて住んでいたり、隣近所との関係が希薄であったりする家庭も多い。このようななかで、保育士が行う子育て家庭への支援とはどのようなものだろうか。

　保育所で行う子ども家庭支援に関しては、保育所保育指針第4章において示されている。「第4章1　保育所における子育て支援に関する基本的事項」には「各地域や家庭の実態等を踏まえる」とある。保育所は、様々な家庭の子どもや保護者が利用している。生活のなかに問題を抱えている家庭や、子育てに悩んでいる保護者など様々な子育て家庭があるなかで、保育士は、保護者が置かれている状況を把握し、保護者が納得した上で抱えている問題を解決できるように支援をしていくことが求められる。そのためには、保護者に安心して話をしてもらえるような関係作りを行っていく必要がある。

　では、保育士が各地域や家庭の実態等を踏まえる際に必要な視点はどのようなものだろうか。

(1) 保育士が子育て家庭への支援を行うにあたって必要な視点
1) 個別に抱える課題をしっかりととらえる

　子育て家庭の状況は、それぞれの家庭の背景や家族構成、抱える課題によって異なる。保育士には、それぞれの家庭の状況に合わせた支援を行うことが求められる。そのためには、保護者の状況や子どもの状況をしっかりと把握することが大切である。

2) 日常のかかわりから課題をとらえる

　保育士は日常の保育を通して課題をとらえることができる。保護者から相談を持ちかけられる場合だけではなく、日常のかかわりのなかから、保護者がまだ気づいていない課題を見つけることも含まれる。子どもや保護者がまだその課題に自分自身で気づいていない場合や、気づいていてもどうしてよいのかわからず、そのままにしてしまっている場合もある。

　そのような場合、保育士が代わりに気づき、課題について意識できるよう、保護者に向けて子どもの様子を伝えつつ、どのように対応していくのかを伝えることができる。

3）生活を意識した支援を行う

保育士は子どもの生活全体にかかわっているため、日常の保育を通して支援することが可能である。子どもとは日々の保育のなかで、保護者とは日々の送迎の際や連絡帳、行事等を通して関係をつくることができる。その際、子どもや保護者の普段の生活の時間帯や過ごし方、そのなかでの課題などを具体的にとらえ、保育においても連携をとることを意識できるとよい。

4）課題の早期対応を行う

保育士が子どもや保護者との日常のかかわりから課題をとらえ、さらに生活全体を意識することにより、いち早く課題に気づき、早期に対応することが可能となる。もしくは、未然に防ぐこともできるかもしれない。これらを意識した対応を日々とっていくことが保育士として重要となる。この場合の対応とは、保育士が直接的に課題を解決することではない。保護者の気持ちを受けとめ、保護者を見守り、保護者が状況を改善できるようサポートすることである。

（2）保育士が支援を行うことができる場面

以上のような視点をもって支援を行うことが、保育士が行う家庭支援につながっていく。上記の視点を意識した際に、保育士が支援を行うことができる具体的な場面として想定されるのが、①連絡帳のやりとり、②送迎の際のやりとり、③行事等である。

①の連絡帳のやりとりに関しては、家庭と保育所が連携をとる際に欠かすことができないものである。連絡帳を通して保育士は家庭での様子を、保護者は保育所での生活の様子を把握することができ、お互いに情報を共有することができる。また文字に残しておくことにより、記録として残るだけでなく、当日送迎に来られなかった保護者も情報を共有することができる。

②送迎の際のやりとりは、保育士が保護者とかかわる上で重要な時間となる。わずかな時間しかなくても、お互いに子どもの様子を伝え合うことで、保育士と保護者の間で情報共有ができ、そうしたやり取りを通して信頼関係を築くことにもなる。

③行事等とは、保護者会や保育参観におけるかかわりである。保護者会では、保育士が日々どのような保育を行っているのかを紹介したり、保護者の多くが抱えているであろう課題を取り上げ、お互いに話してもらうことで、情報交換や自分だけではないという安心感を感じてもらったりすることもできる。

また、保育参観は、日々の子どもの様子を保護者が直接見ることができる重要な機会となる。自分の子どもがどのような遊びをしているのか、一日をどのように過ごしているのかを知ることで、保育所が行う保育の意味について触れ、理解してもらうことができる。

これまでみてきたように、保育士は日常の様々な場面で家庭とかかわりをもつことが可能である。

2　子ども家庭支援の対象

子ども家庭支援の対象は、すべての子育て家庭であり、保育所を利用している家庭も利用し

ていない家庭も含まれる。本章では、保育所を利用している家庭のなかでも、特に支援が必要となる（あるいは、支援の必要の可能性がある）ひとり親家庭、貧困家庭、外国籍の家庭、里親家庭、事実婚家庭、再婚家庭の状況について触れる。なお、障害のある子どもや発達上の課題のある子どもがいる家庭と要保護児童のいる家庭については第10章で触れる。

　第1節でも述べたように、それぞれの家庭における状況は異なり、抱えている課題も多様であるため、個々の家庭の状況に応じた支援が必要となってくる。保育所保育指針では、「第4章2　保育所を利用している保護者に対する子育て支援」において、「保護者の多様化した保育の需要に応じ」支援を行うことや、「保護者に対する個別の支援を行うよう努めること」が示されている。本節では、子ども家庭支援の対象となる具体的な子育て家庭の状況を取り上げ、解説していく。

(1) ひとり親家庭 （⇒序章参照）

　ひとり親家庭とは、離婚や死別、未婚などにより、ひとりで子どもを育てている家庭のことである。「令和3年度　全国ひとり親世帯等調査」（厚生労働省，2022）によれば、母子のみにより構成される母子世帯数は約77万世帯、父子のみにより構成される父子家庭は約8万世帯である。離婚によるひとり親世帯は母子世帯では約80%、父子世帯では約70%となっている。母子以外の同居者がいる世帯を含めた全体の母子世帯数は約120万世帯、父子世帯は約15万世帯となっている。ひとり親家庭の場合、貧困の割合が高い現状がみられる。「令和3年度　全国ひとり親世帯等調査結果報告」によれば、ひとり親家庭の母親自身の平均年間収入は272万円、父親自身の平均年間収入は518万円である。母子世帯は父子世帯に比べて年収が低く、経済面での困難な状況が多くみられる。

　保育士が子どもに対して行える支援としては、まず離婚や死別等によって起こる悲しみなどの感情に子どもが向き合い、受け止め、乗り越えていけるように傍で見守っていくことが求められる。また、そのような感情を抱えているなかでも、子どもが今までと変わらずに安心・安全な生活ができるよう、日々の保育を行っていくことが必要である。

　ひとり親家庭に向けて行える支援としては、たとえばひとり親家庭が申請できる手当などの経済的な制度を紹介することもできるが、それだけではない。保護者の側も、新たな環境や生活に戸惑ったり落ち着かないこともあるだろう。ひとり親家庭の親が抱える子どもについての悩みは多岐にわたり、子どもの年齢によっても変化していく（図表7-1）。そのようなときに保育士は、生活において必要な支援を保護者とのかかわりのなかで見出しつつ、保護者が活用できる資源を把握できるよう努め、保護者につないでいくことができる。また保護者は、ひとり親家庭で養育していくことの大変さや難しさにより精神的・身体的なストレスを抱えたり、行事などでひとり親であるという事実に直面したりする場合もある。そうした場面でも、保育士は、保護者の感情に配慮してかかわることが大切である。保育士は、子どもだけでなく保護者の様子も常に気にかけながら声をかけ、何かあれば相談にのることを伝えていくよう日々努める。

図表 7-1　ひとり親家庭の親が抱える子どもについての悩み（複数回答）（%）

		しつけ	教育進学	就職	非行交友関係	健康	食事栄養	衣服身のまわり	結婚問題	障害	その他
0〜4歳	母子世帯	54.5	62.3	5.8	7.9	29.3	39.8	5.2	3.7	8.4	15.2
	父子世帯	68.4	68.4	5.3	5.3	63.2	52.6	15.8	0.0	5.3	5.3
5〜9歳	母子世帯	48.4	79.3	9.7	13.3	24.5	24.8	11.3	2.7	15.8	9.0
	父子世帯	59.3	83.0	7.4	14.1	34.1	32.6	15.6	5.2	13.3	5.2
10〜14歳	母子世帯	29.5	89.2	16.6	14.7	24.6	19.7	11.2	3.7	13.0	10.7
	父子世帯	37.6	86.7	8.0	14.1	22.8	30.8	17.9	4.6	8.7	5.3
15歳以上	母子世帯	11.4	77.1	41.0	10.5	22.5	14.5	8.3	3.7	10.5	14.2
	父子世帯	21.3	74.8	37.3	9.2	23.9	27.4	14.6	6.1	7.0	7.0

（出典）厚生労働省（2022）「令和3年度 全国ひとり親世帯等調査」より作成

（2）貧困家庭

　2023年に厚生労働省が公開したデータによれば、2021年の日本における子どもの**貧困率**(*1)は11.5%である（令和4年 国民生活基礎調査）（⇒図表序-4）。8人に1人の子どもが貧困の状況に置かれている。日本の国民全体に対する貧困率（15.4%）にあまり変化は見られないが、子どもの貧困率は前回調査時より下がっている。特にひとり親家庭の貧困率が高く、全体の44.5%、約半数を占めている。

　保育現場で貧困家庭に対して保育士ができる支援は、日々の子どもの状態をしっかりと確認し、保護者に向けて必要な支援を行っていくことである。貧困であるということを知られたくない保護者もいると思われるため、保護者の様子にも配慮しながら、声かけを行っていく（全国保育士会，2017）。特に、地域の資源や情報を把握し、保護者に向けて情報を発信することが重要である。ひとり親家庭や貧困家庭などが受けることのできる経済的な支援の紹介に限らず、ストレスを抱えるなど困難な状況の際に活用できるサービス（たとえばひとり親家庭であれば、ひとり親家庭等日常生活支援事業、ショートステイ、トワイライトステイのような子育て短期支援事業、また休日保育や病児保育など）を紹介することもできる。保護者の状況に合わせた支援が必要となるため、日頃から子どもと保護者、両方に対して気をつけ、必要に応じて声かけを行っていく。

（3）外国籍の家庭

　保育所を利用する家庭のなかには、保護者が外国人であるために、外国籍の子どもや外国にルーツのある子どももいる。外国にルーツのある子どももいる。外国にルーツのある子どもが入所している保育所等は、2019年のアンケート調査に回答した自治体のうち71.1%であった（「令和元年度 子ども・子育て支援推進調査研究事業 保育所等における外国籍等の子ども・保護者への対応に関する調査研究事業報告書」）。多くの保育所等で外国にルーツのある子どもを受け入れてい

る現状が見られる。保育所保育指針では、「外国籍家庭など、特別な配慮を必要とする家庭の場合には、状況等に応じて個別の支援を行うよう努めること」（「保育所保育指針第4章 子育て支援2（2）ウ」）とある。言うまでもなく、国籍やルーツへの配慮がされない、ましてや国籍により差別されるということがあってはならない。また、子どもの最善の利益を考え保育を行うことは、すべての子どもに共通する。しかし、国が違えば文化や習慣、宗教などの違いがある。前述の調査によれば、保育所等が外国にルーツのある子どもを受け入れる際に直面している課題として、「入園に向けた手続き、準備について、保護者へ伝えることが難しい」「保育所等での過ごし方や支援内容、決まり、お願い等について保護者に理解してもらうことが難しい」「言語的な障壁から保護者と十分なコミュニケーションが取れない」「保護者に対して、小学校の制度や生活について、十分に説明することができていない」などがあげられている。どの課題に関しても保育所等は「特に支援を実施していない」という回答が半数以上見られ、支援の難しさがうかがえるが、お互いの文化や習慣、宗教が違うことを理解した上で、対応していくことが必要である。

　食べ物や宗教上のルールなどを把握し、保育所内全体で連携をとり対応していくことを心がける。また、言葉の違いにより意思疎通を図ることが難しい場合もあるだろう。その際には、写真や絵などを用いたコミュニケーションを図るところから始めてみることもできる。保育士だけでは対応できないことがある際には、通訳のボランティアの派遣や保育士などの加配、外国の文化や言語に関する研修を実施するなど、行政等の支援を受けながら対応していくことも必要である。いずれにしても、保護者とのコミュニケーションを欠かさず、日々のかかわりを通して信頼関係を築いていくことが大切となる。

(4) 里親家庭

　保育所を利用している家庭のなかには、**里親制度**[*2]を活用している家庭もあるだろう。現在、日本の社会的養護では里親委託が優先して検討されている。その結果、里親への委託率は少しずつではあるが増えてきており、2021（令和3）年度末には23.9％の委託率となっている。全国的にはまだ施設への委託（措置）の割合が高いが、福岡市では59.3％となっているなど（「社会的養育の推進に向けて」令和5年4月5日）里親への委託率の高い自治体もある。このような状況から、保育現場においても里親家庭の子どもを預かることがあると想定される。

　里親家庭で養育されている子どものなかには、本来の家庭で適切な養育を受けられず、保護者との**愛着関係**[*3]を形成できていない子どももいる。里親家庭に委託されて間もない子どもの場合は、日々の生活に慣れて落ち着くまで、里親に「**試し行動**」[*4]を行うこともある。そのようななかで、気持ちが落ち着かない日も生じることがあるだろう。

　保育士が里親家庭の子どもを預かる際に行える支援としては、保育士は里親と連携し、日々の子どもの生活の様子を観察して、子どもの気持ちに寄り添い、里親と情報共有を図りつつ、協力して養育に努めていくことが求められる。また、他の家庭の保護者や保育者たちに、里親家庭であることを知っておいてほしいと望んでいる場合もあれば、望んでいない場合もあるた

め、当然のことながら各家庭の状況や希望を尊重して対応する。加えて、日々子どもの状態は変化し、気持ちが不安定なときもあるため、保育士は些細な情報でも里親と共有することを心がける。

(5) 事実婚家庭

保護者のなかには「**事実婚**」（*5）という形式をとっている場合もあるだろう。内閣府が委託した「令和3年度 人生100年時代における結婚・仕事・収入に関する調査」（令和3年度 内閣府委託調査）によれば、回答者のうち「配偶者（事実婚・内縁）がいる」と回答した人は2.3%であった。また、内閣府による「令和3年度 性別による無意識の思い込み（アンコンシャス・バイアス）に関する調査研究」によれば、回答者のうち「事実婚」と回答した人は2.9%であった。まだまだ事実婚の数は少なく、実際に事実婚の選択をしている家庭の子どもを預かるケースは稀かもしれない。しかし、様々な家庭の子どもを預かる保育士としての対応として、何らかの経緯で事実婚家庭であることを認識した場合、まずは、事実婚の内容を理解した上で保護者の対応にあたる必要がある。

具体的には、婚姻関係になくても2人がパートナーであるという認識を保育士がもつこと、そして子どもにとっては両親であることを理解して対応する。また、保護者から相談された際に柔軟に対応することも重要である。個々の家庭の状況に合わせ、たとえば子どもの名字と父親・母親の名字などの呼び名に気をつけることや、保育所内での呼び方なども確認しながら対応していく。また、子ども自身の様子にも配慮していく必要がある。

(6) 再婚家庭

子どもを連れて再婚し、新たな家庭が築かれた際に、「ステップ・ファミリー」という呼び名を用いる場合がある。現在、日本の婚姻件数は減少傾向となっており、戦後最も少なくなっている。離婚件数は変動もあるが約20万件前後で推移している。再婚の件数は1970年代以降増加傾向で、2020（令和2）年は13.9万件となっている。そのうち夫婦とも再婚の家庭は37.3%（5.2万件）であった。

子どもを連れての再婚には様々な問題や困難が生じるだろう。継父・継母、または新たにきょうだいができ、これまでの家族関係が大きく変わる。それは親にとっても子どもにとっても大きなことである。保育士は、それぞれの立場や気持ちに寄り添い、支援を行っていくことが必要である。特に保育士が対応する場面として、継父・継母となった保護者から育児上の悩みなどを相談されることがあるかもしれない。すぐに解決できることではないため、時間をかけて子どもの気持ち、親の気持ちに向き合い、それらの橋渡しをしていくことも大切である。

現代の家庭は複雑・多様化しており、本節であげた以外にも様々な家庭があると考えられる。いずれの場合でも保育士は、様々な家庭の状況を理解した上で、子どもや保護者、家庭の状況に合わせた支援を行っていく。それぞれの子どもや保護者に対してどのような対応が必要なの

かを見極め、その家庭に対して必要があれば活用できる資源を紹介し、保護者や養育者が自らの力で解決できるよう支援の橋渡しをしていくことが大切である。

キーワード

子ども家庭支援　ひとり親家庭　貧困家庭　外国籍の家庭　里親家庭
事実婚家庭　再婚家庭

用語解説

＊1〔貧困率〕　厚生労働省の「国民生活基礎調査」で発表されている貧困の割合を示すもの。「相対的貧困率」ともいう。年間の世帯収入が、税金等を引いた「等価可処分所得」の中央値の半分に満たない世帯の割合のことである。2021年の中央値（1人世帯の場合）は年間254万円で、その半分の127万円以下の収入で生活する世帯の割合が貧困率となる。2021年の子どもの貧困率は11.5％で、8人に1人の子どもが貧困状態である。同年の国民全体の貧困率は14.5％であった。

＊2〔里親制度〕　家庭で養育することが難しい子ども（要保護児童）を預かり、自分の家庭で養育する制度のこと。現在の里親制度では、養育里親、専門里親、親族里親、養子縁組希望里親の4種類がある。

＊3〔愛着関係〕　愛着とはアタッチメントともいい、子どもと特定の養育者との間に築かれる情緒的な絆のことである。子どもが不安や苦痛を感じるとき、特定の養育者に抱いてもらい、あやしてもらうなど、適切に対応してもらうことによって、不安や苦痛が収まり安心の感覚をもつことができる。それが繰り返されることで、その養育者との間には、愛着によって結びついた信頼関係が生まれる。これが愛着関係である。愛着関係はその後の対人関係の基礎をかたちづくるとされる。

＊4〔試し行動〕　相手に対してわざと困るようなことを言ったり、怒らせるような行動をしたりすることで、相手が自分にどんな反応を示すのかを見て、どこまで許してくれるのか、自分のことをそれでも受け容れてくれるのか試すことをいう。

＊5〔事実婚〕　民法に規定されている婚姻の手続きを取らず、法律上では夫婦とはみなされないが、お互いに夫婦である認識があり、生活を共にしている関係のことを指す。夫婦別姓や、連れ子のいる場合の再婚など、それぞれの家庭の事情に合わせた事実婚のかたちがある。

ブックガイド

西尾祐吾監修、立花直樹・安田誠人・波田埜英治編（2017）『保育実践を深める相談援助・相談支援』晃洋書房▶保育のなかで家庭支援を行う際に活用できる技術や知識に加え、保育現場で遭遇するであろう、現代の家庭が抱える問題の事例が載っている。実際の事例を通して、保育士がどのように対応していくのかを学ぶことができる。

（佐藤　恵）

第**8**章　障害のある子どもや家庭への支援

本章のポイント
●保育者による、障害のある子どもをもつ家庭への支援について理解する。
●障害のある子どもが利用できる支援や関係機関との連携について理解する。

1　障害とは

　障害者基本法では、身体障害、知的障害、精神障害（発達障害を含む）、その他の心身の機能の障害を、「障害」と総称している。**身体障害**は、身体障害者福祉法において、視覚障害、聴覚または平衡機能の障害、音声機能、言語機能または咀嚼機能の障害、肢体不自由、内部障害に大別される。**知的障害**は、知的機能の障害が発達期（概ね18歳まで）にあらわれ、日常生活や社会生活への適応に困難がある状態をいい、障害の程度で軽度から最重度に分類される。**精神障害**は、精神疾患のため日常生活や社会生活に困難をきたしている状態であり、**発達障害**については、発達障害者支援法において、「自閉症、アスペルガー症候群その他の広汎性発達障害、学習障害、注意欠陥多動性障害その他これに類する脳機能の障害であってその症状が通常低年齢において発現するものとして政令で定めるもの」と定義されている。発達障害のそれぞれの特性は、図表8-1に示す通りである。

　厚生労働省社会・援護局障害保健福祉部（2018）によると、0～9歳について、身体障害者手帳所持者は3万1,000人、知的障害を対象とする療育手帳所持者は9万7,000人、精神障害者

図表 8-1　発達障害のそれぞれの特性

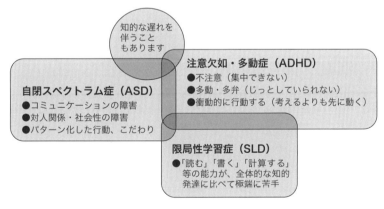

(注1) このほか、トゥレット症候群や吃音（症）なども発達障害に含まれる。
(注2) ここでは、以下のように表記している。自閉症、アスペルガー症候群、その他の広汎性発達障害は「自閉スペクトラム症」、注意欠陥多動性障害は「注意欠如・多動症」、学習障害は「限局性学習症」。
(出典) 国立障害者リハビリテーションセンター　発達障害情報・支援センター「発達障害とは」を一部改変して筆者作成

図表 8-2　障害児保育の実施状況の推移

(注) 各年度3月31日時点
(出典) 厚生労働省 (2023)「R4調査結果等（概要）」に基づき、内閣府 (2023：70)『令和5年版 障害者白書』より筆者作成

保健福祉手帳所持者は4,000人、発達障害と診断された者は10万3,000人いる。また、保育における障害児受入施設数・障害児数は増加傾向にある（図表8-2）。今や保育の現場でも障害をもつ子どもとその家族に出会うことは珍しくなく、保育者としてどのように支援していくか、考えることが求められているだろう。

2　保育者による支援と留意点

(1) 障害の早期発見・早期支援の必要性やその意味

　日々の保育を通して子どもとかかわる保育者は、子どもの気になる様子に気づきやすい立場にある。また、保育所においては集団での子どもの姿を見ることができて、家庭では見えづらい子どもの特性が明らかになることもある。そのため、保育者は障害の可能性を早期発見できる重要な役割を担っているといえる。

　障害によって生活のなかで困り事やトラブル等が生じているにもかかわらず、適切に対応されないと、そのストレスから心身の不調等につながる場合もある。こういった**二次障害**(*1)を予防するためにも、障害の可能性に気づいたら早期に対応することが重要である。障害の特性に応じた環境を整え、必要な支援を行うことで、子どもの健やかな育ちを支えることができる。

(2) 障害のある（疑いのある）子どもへの気づき

　発達障害に対する気づきのヒントとなる子どもの行動等について、図表8-3に例を挙げた。ただし、ここに挙げた行動等にあてはまるからといって、それだけで障害があると決めることはできない。また、障害の可能性に気づくことをゴールと考えるのではなく、気づきをきっかけにその子どもについてより理解を深め、どのような支援が必要かといった視点へつなげることが大切である。

図表 8-3　発達障害の特性から生じやすい行動等の例

自閉スペクトラム症	オウム返しをする、ひとりごとが多い、一方的に話すなど、会話のキャッチボールが難しい
	目が合いづらい
	他の子どもに関心がなく、ひとり遊びが多い
	いつもと違うことや急な予定変更に、強い不安や混乱を示す
	繰り返し同じ動きをする（くるくる回る、飛び跳ねる、体を前後に揺らす、手をひらひらさせるなど）
	感覚の敏感さ・鈍感さがある（大きな音や特定の音が苦手、触られることを嫌がる、痛みや寒暖に鈍感など）
注意欠如・多動症	周りの音などで注意が散漫になりやすい
	いつもぼんやりとしていて、話を聞いていないように見える
	忘れっぽい、失くしものが多い
	じっとしていることが苦手で席に座っていられない、席に座っていても手足などをもじもじと動かして落ち着かない
	すぐに手が出て、他の子どもを叩いてしまう
	順番を守れず、割り込んでしまいやすい

（出典）小橋ほか（2020：107, 109）『子育て支援』、および国立障害者リハビリテーションセンター　発達障害情報・支援センター「気づきのポイント」を参考に筆者作成

(3) 保護者への支援

　障害のある子どもをもつ保護者にかかわる際には、わが子の障害を受けとめることは容易ではないという点に理解をもち、保護者の気持ちに寄り添うことが基本となる。子どもと日々接する保育者としては、保護者に対して「子どもの障害とちゃんと向き合ってほしい」といった気持ちになるかもしれない。しかし、その思いを押しつけてしまうと、たとえば、保護者のなかで「向き合わなくてはいけないのに向き合えない」といった葛藤や罪悪感がかえって強まる恐れもある。むしろ、保護者の混乱や悲しみにも耳を傾け、どのような気持ちであってもそれが存在することを否定せずに、受けとめていく姿勢が望ましい。ありのままの気持ちを話せる関係を築くことが、保護者の支えとなる。

> ✎ ワーク 8-1　保護者の気持ちを想像してみよう
>
> 　子どもについて「重度の難聴がある」と告げられたとき、あなたが保護者だったら、どのような気持ちになるでしょうか。具体的に想像してみましょう。

(4) きょうだいへの支援

　障害のある子どもにきょうだいがいる場合には、きょうだいへの支援という視点も大切である。たとえば、保護者が障害のある子どもへの対応に追われるなかで、きょうだいは寂しい気持ちや甘えたい気持ちを我慢し、“よい子”として振る舞うこともある。保育者は、障害のある子どもを取り巻く家族それぞれに様々な気持ちが生じ得るという理解をもち、きょうだいが自分の気持ちを表現できる場や機会をつくる等、家族全体に目を向けて支援を考える必要がある。

3 その他の機関等による支援および連携

(1) 障害のある子どもやその家庭が利用できるサービス

　障害のある子どもに対する支援は、2012（平成24）年の児童福祉法改正で、これまで障害種別で分かれていた体系（給付）が、通所・入所の利用形態別に一元化された（図表8-4）。また、サービスを適切に利用できるよう、「障害児相談支援」では、障害児通所支援の利用計画（案）の作成や、利用中のモニタリング等を行う。これらの利用児童数は、2014（平成26）年度から2019（令和元）年度で約2.3倍となり、特に「障害児相談支援」「児童発達支援」「放課後等デイサービス」の割合が大きく、増加幅も顕著である（厚生労働省社会・援護局障害保健福祉部, 2021）。

　こういった児童福祉法に基づくサービスのほか、障害者総合支援法に基づく、訪問系サービス（居宅介護、同行援護、行動援護、重度障害者等包括支援）、日中活動系サービス（短期入所）、相談支援系サービス（計画相談支援）等もある。

図表8-4　障害児通所支援と障害児入所支援

通所支援 障害児	児童発達支援	日常生活における基本的な動作の指導、知識技能の付与、集団生活への適応訓練などの支援を行う（医療型児童発達支援は、2024年4月より児童発達支援に一元化）
	放課後等デイサービス	授業の終了後又は休校日に、児童発達支援センター等の施設に通わせ、生活能力向上のための必要な訓練、社会との交流促進などの支援を行う
	居宅訪問型児童発達支援	重度の障害等により外出が著しく困難な障害児の居宅を訪問して発達支援を行う
	保育所等訪問支援	保育所、乳児院・児童養護施設等を訪問し、障害児に対して、障害児以外の児童との集団生活への適応のための専門的な支援などを行う
入所支援 障害児	福祉型障害児入所施設	施設に入所している障害児に対して、保護、日常生活の指導及び知識技能の付与を行う
	医療型障害児入所施設	施設に入所又は指定医療機関に入院している障害児に対して、保護、日常生活の指導及び知識技能の付与並びに治療を行う

（出典）厚生労働省（2018）「障害者自立支援法等の一部を改正する法律案の概要」を参考に筆者作成

(2) 市町村、保育所、関係する他機関による支援

1) 市町村による支援

　市町村保健センター等による乳幼児健康診査や家庭訪問等では、障害の早期発見や、保護者の相談に応じ、関係機関の紹介等を行う。福祉事務所ではサービスの支給申請や相談等が可能で、家庭児童相談室では子どもに関する相談に応じる。

2) 保育所による支援

　保育所は、障害の特性をふまえた保育環境を整え、保護者と連携して子どもの育ちを支える。保護者との信頼関係を築き、家庭と保育所での子どもの様子を伝え合い、成長を共に喜ぶなど、日々のコミュニケーションを通して子育てを支える。また、関係機関の情報を提供し、家庭を必要な支援へつなぐ橋渡しの役割も担う。

3) その他の関係機関による支援

　医療機関では、診断や検査、治療（薬物療法等）を行う。児童相談所は、障害に関して相談

に応じるほか、療育手帳交付のための判定を行う。また、児童発達支援センターは、子どもの発達支援やその家族の支援のほか、保育所等訪問支援等の地域支援も行う。こういった専門機関以外にも、親の会・家族会では、障害のある子どもをもつ家族同士で、交流を通して支え合うことができる。

(3) 他機関等との連携と留意点

保育所に通う障害のある子どもが他機関・他施設で支援を受けている場合には、保護者の同意を得た上で**連携**を図ることが大切である。情報共有を行うことで、それぞれの場でのかかわりに活かせるとともに、一貫した支援を行うことにつながる。

連携が想定される機関や施設の例としては、本章3(2)で挙げた通りである。たとえば、子どもが保育所と児童発達支援センターを併用している場合には、両施設の間で連携し、子どもの状況やかかわりの内容等を共有することで、子どもに混乱が生じないよう統一した支援が可能となる。保育所としては、児童発達支援センター（発達支援の専門的な視点）から見た子どもの情報を得ることによって、子どもに対する理解を深め、日々の保育での接し方に活かしていける。また、障害児通所支援のひとつである保育所等訪問支援では、障害児支援に関する知識や経験をもつ専門職が、障害のある子どもが集団生活を営む施設（保育所等）を訪問し、集団生活に適応できるよう、子ども本人へ支援を行うほか、施設の職員（保育士等）への支援方法等についての助言も行う。さらに、小学校との連携も重要である。就学は子どもにとって大きな変化であり、不安を抱く保護者も少なくない。環境が変わっても、その子どもに合わせた適切な支援が行われるよう、保育所での子どもの様子やこれまでの支援内容等、必要な情報を就学先へ丁寧に共有し、**切れ目のない支援**を行うことが望ましい。

事例 8-1　自閉傾向のある子どもの保護者への支援

〔A くん（2 歳児）、父親：会社員（30 代）、母親：会社員（30 代）、弟（0 歳 6 か月）〕

A くんは、1 歳児の途中で入所してきた。入所当初は気がつかなかったが、最近の保育者とのやり取りから、会話時に A くんと目が合わないことがわかった。また、他児とのかかわりがなかったり、こだわりが強かったりと、自閉傾向も観察されている。保育者は、母親を面談に誘い、園長を交えた三者面談を実施した。面談では、児童発達支援センターに行くことを園側から提案したものの、母親は、「今まで発達について心配なことはないと聞いていたのに、いきなり面談で専門機関を紹介されて驚いた。これまでのかかわり方も妥当だったのか、園に不信感をもってしまった」と語っている。父親にも相談をしようと、送迎のときに声をかけるものの、育児は母親に任せているという返事で、積極的にかかわろうとしない。

　① 母親が望んでいることはどんなことか、考えてみましょう。

　② 上記をうけ、保育者としてあなたができる支援とできない支援（他機関につなぐことも含めて）を整理してみましょう。

キーワード

身体障害　知的障害　精神障害　発達障害　二次障害　保護者への支援　きょうだいへの支援
連携　切れ目のない支援

用語解説

＊1〔二次障害〕発達障害における二次障害は、障害の特性に関連する困難から二次的に生じる問題を指す。
　たとえば、注意欠如・多動症（ADHD）の、注意が散漫になりやすいという特性により、失敗体験や、周囲
　から叱責を受ける経験が積み重なると、自信の喪失や自己肯定感の低下につながり、抑うつ等の問題が生じ
　る可能性がある。

ブックガイド

湯浅正太 作・石井聖岳 絵（2021）『みんなとおなじくできないよ　障がいのあるおとうととボクのはなし』日
本図書センター▶作者の実体験に基づく絵本。障害のある子どものきょうだいの視点で、その複雑な感情が
表現されている。

（西村　倫子）

本章のポイント

● 子ども虐待と保育士のかかわりを理解する。

● 社会的養護や地域資源を活用した支援について学ぶ。

1　虐待のおそれのある子どもの支援

(1) 子ども虐待は社会問題

　図表 9-1 は、全国の**児童相談所**における児童虐待相談対応件数の推移であり、2022（令和4）年度には21万9,170件（速報値）となり、年々増加していることがわかる。少子化により子どもの数が減少していることをふまえると、子ども虐待の増加は深刻な社会問題であるといえる。

　子どもへの虐待は、子どもの心身の成長や人格の形成に重大な影響を与え、次の世代へ連鎖することもある。また、虐待行為は多くの場合密室で行われるため、子どもは想像を絶する恐怖を抱いている。保育所は、昼間、子どもが家庭から離れ、同年齢集団などのなかで遊びや生活を送る場であることから、虐待を受けている子どもにとって心身の健康と安全を保障する上で大きな役割を担うことになる。同時に、保育所は家庭での生活状態を最も身近で把握できる場でもある。そのため、虐待の兆候を見逃さず早期発見に努めなければならない。

図表 9 − 1　児童相談所での児童虐待相談対応件数とその推移

年 度	2017 （平成 29）年度	2018 （平成 30）年度	2019 （令和元）年度	2020 （令和 2）年度	2021 （令和 3）年度	2022 （令和 4）年度 （速報値）
件 数	133,778	159,838	193,780	205,044	207,660	219,170
対前年度比	+9.1%	+19.5%	+21.2%	+5.8%	+1.3%	+5.5%

（注 1）相談対応件数とは、令和 4 年度中に児童相談所が相談を受け、援助方針会議の結果により指導や措置を行った件数。
　　 2）令和 4 年度の件数は、速報値のため今後変更があり得る。
（出典）こども家庭庁（2022）「令和 4 年度 児童相談所における児童虐待相談対応件数（速報値）」より筆者作成

1) 子ども虐待の分類

「児童虐待の防止等に関する法律（以下、**児童虐待防止法**）」では、子ども虐待を4つの行為に分類している。

　① **身体的虐待**　児童の身体に外傷が生じ、又は生じるおそれのある暴行を加えること。

　② **性的虐待**　児童にわいせつな行為をすること又は児童をしてわいせつな行為をさせること。

　③ **ネグレクト**（育児放棄）　児童の心身の正常な発達を妨げるような著しい減食又は長時間の放置、保護者以外の同居人による身体的虐待、性的虐待、心理的虐待の放置その他の保護者としての監護を著しく怠ること。

④ **心理的虐待**　児童に対する著しい暴言又は著しく拒絶的な対応、児童が同居する家庭における配偶者に対する暴力その他の児童に著しい心理的外傷を与える言動を行うこと。

2）虐待の子どもへの影響

子どもへの虐待は上の4つに分類されているが、それぞれのタイプにより子どもへの影響には異なる面がある。さらに、性的虐待を受けた子どもは心にも傷を負うことになり、暴力をふるわれてあざだらけの子どもが、ネグレクト（育児放棄）を受けていることもあるなど、一人の子どもが受けた虐待は幾種にも及ぶ場合があることを理解しておかなければならない。

虐待の子どもへの影響は、虐待を受けていた期間、虐待の様子、子どもの年齢や性格などにより様々であるが、身体的影響、知的発達面への影響、心理的影響について、幾つかの共通した特徴がみられる。

① **身体的影響**　外から見てわかる傷（打撲、切創、熱傷など）、外から見てわからない傷（鼓膜穿孔、頭蓋内出血など）。栄養障害、低身長、体重増加不良など。

② **知的発達面への影響**　安心できない環境での生活により、落ち着いて学習ができないなど。

③ **心理的影響**　対人関係の障害、低い自己評価、行動コントロールの問題、多動、心的外傷後ストレス障害、偽成熟性、精神的症状など。

3）虐待発生の要因

① **保護者の要因**　虐待の第1の要因は、保護者の特徴によるものがあげられる。妊娠や出産、育児を通して発生する場合や、暴力的、衝動的などの親の性格に起因する問題である。前者には、望まない妊娠や10代での妊娠が含まれ、後者には、アルコール依存や精神疾患、知的発達の遅れなども含まれる。

② **子どもの要因**　第2の要因は、子どもの特徴によるものである。子どもへの虐待は、子どもの気質が関係し起こることもある。他の子どもと比較してよく泣き、しかも泣きやむのに時間がかかるとなれば、親は疲弊し養育に自信を失ってしまう。また、慢性的な疾患や障害、未熟児なども虐待が発生する要因となる。

③ **養育環境の要因**　第3の要因は、養育環境によるものである。家庭環境や地域社会からの孤立、経済的な困難や夫婦の不和など、家庭のストレスが子どもへ暴力となって向けられてしまう。また、ひとり親や核家族など人間関係の希薄さがもたらす様々な状況も要因となる。

4）虐待を受けている子どもと接する保育士の役割

保育所では、「腕の痣を不自然なほど大きなガーゼで隠してくる子ども」「園への送り時に子どもを引きずってくる親」など、虐待が疑われる様々な親子ケースに遭遇することがある。

「児童虐待防止法」第5条には、「学校、児童福祉施設、病院、都道府県警察、婦人相談所、教育委員会、配偶者暴力相談支援センターその他児童の福祉に業務上関係のある団体及び学校の教職員、児童福祉施設の職員、医師、歯科医師、保健師、助産師、看護師、弁護士、警察官、婦人相談員その他児童の福祉に職務上関係のある者は、児童虐待を発見しやすい立場にあることを自覚し、児童虐待の早期発見に努めなければならない」と明記されている。さらに、同法第6条では、「児童虐待を受けたと思われる児童を発見した者」は、速やかに児童相談所や福

祉事務所などの関係機関に通告しなければならないと明記されている。保育士は、「全国保育士倫理綱領」に記載されている「プライバシーの保護」よりも、「虐待を受けたのではないか」という段階からの「通告の義務」が優先することを意識してほしい。その後は、虐待の事実を正確に把握するために、**アセスメント**(*1)を行っていく（図表9-2）。

(2) 要保護児童と社会的養護

　要保護児童とは、「保護者のない児童又は保護者に監護させることが不適当であると認められる児童」（児童福祉法第6条の3第8項）のことである。

　社会的養護とは、「要保護児童を公的責任で社会的に養育し、保護するとともに、養育に大きな困難を抱える家庭への支援を行うこと」である。社会的養護には、乳児院、児童養護施設、児童心理治療施設、児童自立支援施設、母子生活支援施設、里親、ファミリーホームなどがある（⇒第2章第3節参照）。

　保育所で生活を送る子どもも、保護者の都合で社会的養護の対象になることがある。前述の子ども虐待だけに限らず、様々な入所理由が発生している。主な養護問題発生理由（児童福祉施設入所理由）は、「父母の『死亡、行方不明、離婚、不和、拘禁、入院、就労、精神疾患等』」などである（厚生労働省, 2020）。保育所等から要保護児童として入所することのある児童福祉施設には、乳児院、母子生活支援施設、児童養護施設がある。以下に、3つの施設と保育所等とのかかわりを紹介する。

1）乳児院

　乳児院は、児童福祉法第37条に基づいて設置され、1歳未満の乳児が暮らす施設である。ただし、必要がある場合には、小学校就学以前の幼児も生活することができる。全国に145か所あり、2,351人が暮らしている（こども家庭庁, 2023）。

　乳児院からの退所先は、家庭復帰が第1位となっているが、乳児院を退所する子どもは幼いため、家庭復帰の際は子ども本人よりも親の意向が強く反映されることになる。そのため、**家庭支援専門相談員**(*2)を中心に、児童相談所や家庭の所在地である市区町村の担当者と連携し、家庭で暮らせるための状況を整えて家庭復帰につなげ、復帰後も**アフターケア**(*3)として支援を継続していく。

　実際に、家庭復帰に不安が残る状態で親元に帰すこともある。そのような親子には、継続的に専門機関が関わり家庭での子育てを見守ることができるように、保育所の利用を勧めることがある。保育所では、家庭での様子や子どもの心身の状況などをタイムリーに把握することができるため、保育所からの情報は乳児院にとって有効なアフターケアの手段となっている。

2）母子生活支援施設

　母子生活支援施設は、児童福祉法第38条に基づいて設置されている。全国に215か所あり、3,135世帯5,293人の児童が暮らしている（こども家庭庁, 2023）。入所者は、18歳未満の子どもを養育している母子家庭である。また、離婚未成立の事情など母子家庭に準ずる母子も入所し、母親の自立支援や子どもの健全育成を担っている。

図表 9-2　児童虐待の早期発見のためのチェックリスト

子どもの様子〈保育所・幼稚園〉	☐	よくケガをしてくるが、原因がはっきりしない、手当てが十分でない
	☐	打撲によるあざ、火傷などの不自然な傷がよく見られる
	☐	特別な病気もないのに、身長や体重の増加が悪い、あるいは次第に低下している
	☐	着衣が薄汚れていたり、季節や気温にそぐわない服装をしていたりする
	☐	長期間入浴していない
	☐	服装や顔、髪の毛、手足、口腔内が不潔である
	☐	表情や反応が乏しく、元気がない
	☐	基本的な生活習慣が身に付いていない
	☐	おやつや給食をむさぼるように食べる、おかわりを何度も要求する
	☐	理由のはっきりしないまたは連絡のない遅刻や欠席が多い
	☐	転んだりケガをしたりしても泣かない、助けを求めない
	☐	おびえた泣き方をする
	☐	身体接触を異常にいやがる（抱こうとすると逃げる、身を固くするなど）
	☐	いつもおどおどしていて、何気なく手を挙げても身構える
	☐	職員を試したり、独占したりしようとし、まとわりついて離れない
	☐	ささいなことでもすぐカーッとなり、友人への乱暴な言動がある
	☐	親が迎えに来ても帰りたがらない
	☐	年齢不相応な性的な言葉や、性的な行動が見られる
保護者の様子	☐	子どもとの関わりが乏しかったり、冷たい態度をとったりする
	☐	子どもへの怒り方が異常である
	☐	子どもの要求をくみ取ることができない （要求を予想したり理解したりできない、なぜ泣くのかわからない）
	☐	子どもが新しい遊びや遊具に関心を持つことを好まない
	☐	子どものことを自分と対等な存在と感じ、自分を脅かす存在とみている
	☐	乳幼児期から甘やかすのはよくないと極端に強調する
	☐	自分の思いどおりにならないとすぐに体罰を加える
	☐	子どもに心理的に密着しすぎるか、全く放任か極端である
	☐	子どもに能力以上のことを無理矢理押しつけようとする
	☐	保護者の極端ないらだち、不安定がある
	☐	被害者意識が強かったり、イライラしたりしている
	☐	保育士や教師との面談や家庭訪問を拒む
	☐	保育士や教職員に対して過度に攻撃的（ささいな非を追及する）
	☐	子どもを無断で欠席させることが多い
	☐	予防接種や健康診断を受けさせない
	☐	家の中が乱雑・不衛生
	☐	夫婦仲が悪い
	☐	地域の中で孤立している
	☐	母親にも暴力を受けた傷がある ＊母親に暴力をふるう父親は、子どもにも虐待をしている可能性があります。 ＊家庭内で日常的に暴力にさらされている子どもは、直接的な暴力を振るわれていなくても、心理的虐待を受けていることになります。

（出典）埼玉県・埼玉県教育委員会「教職員・保育従事者のための児童虐待対応マニュアル」より
　　　　https://www.pref.saitama.lg.jp/documents/20508/00_0.pdf

近年、DV（Domestic Violence：配偶者や恋人など親密な関係にある、又はあった者から振るわれる暴力）による被害が著しく増加している。厚生労働省「児童養護施設入所児童等調査の結果」（平成30年2月1日）では、母子生活支援施設への入所理由のなかでDVによるものが50.7％に及んでいる。次いで住宅事情によるものが16.4％、経済的理由が12.8％と続いている。

　母子生活支援施設の特色は、ほかの児童福祉施設と異なり、母子（親子）が分離されることなく、ともに施設に入所できるという点にある。乳幼児の保育に関しては、多くは地域の保育所が利用されるが、年度途中での入所が不可能な場合などには施設内に併設された保育施設で保育が行われている。母子生活支援施設の職員は、母親が就労や体調不良等で保育所への送迎ができない場合、母親に代わって送迎をすることもあり、入所家庭が利用する保育所とのかかわりが多い。

3）児童養護施設

　児童養護施設は、児童福祉法第41条に基づいて設置されている。原則、乳児を除く18歳までの要保護児童が生活を送っている。全国で610か所あり、2万3,008人が生活を送っている（こども家庭庁, 2023）が、被虐待児童の割合が65.6％にも及んでいる。

　児童養護施設では、家庭に代わる代替養育の場として、主に児童指導員（児童福祉施設において入所する子どもたちを支援する職種：任用資格）、保育士が専門性を発揮し、子どもたちが安定・安心した生活が送れるように支援をしている。

　児童養護施設で生活する就学前の子どもたちは、近隣の幼稚園や認定こども園を利用している。施設の保育士は、防犯パトロールや運動会、作品展などの運営を手伝うPTA活動にも積極的に参加し、親子遠足や保育参観などの園行事にも、親代わりとなって参加することがある。

　児童養護施設の子どもが幼稚園等に入園するときには、子どもについての説明を行い、日常的にお互いの施設での様子を共有するなど、連携は不可欠である。親との面会などにより子どもの気持ちがゆれ動くような出来事があった場合、その件を伝え、幼稚園での子どもの様子をみてもらうなど依頼も行う。また、幼稚園側でも園だよりやホームページや園内の掲示などを作成する場合、子どもの名前や写真の利用などに配慮が必要となる。

2　保育士が行う要保護児童の家庭への支援

　保育士が要保護児童の家庭への支援を行う際には、①保護者のニーズを把握することからはじまり、②地域資源の活用、さらには、③関係機関との連携による「切れ目のない支援」が重要となる。

(1) 保護者のニーズの把握、地域資源の活用

事例9-1　虐待が疑われる親が利用できる地域資源

　A君は5歳で、家族構成は母親（35歳）、兄（13歳）の3人である。母親は営業職の契約社員で

あり、朝は7時30分に子どもを送り、迎えは18時過ぎである。土曜日保育も利用しているなど休むことなく働いている。兄は、小学6年生より万引き、夜間徘徊を繰り返し、児童相談所に一時保護されたことがある。現在は不登校であり、このまま親の監護が行き届かなければ、児童自立支援施設への措置になる可能性がある。

　ある朝、保育所へ登園したA君の腕に不自然なあざが発見された。園長は、「児童相談所に連絡します。もし、A君が一時保護されずに在宅での指導となった場合、児童相談所や保健所と連携して、家族関係の改善を行う必要があります。ショートステイ事業を調べておいてください」と担任へ指示をした。園長は、母親が仕事と育児で追い込まれていると感じ、休息を取れるような支援の必要があると判断したのだった。

1) 短期入所生活援助（ショートステイ）事業

　短期入所生活援助（ショートステイ）事業は、保護者の病気などで、家庭で子どもを養育することが一時的に困難な場合に、乳児院や児童養護施設等で宿泊を伴う一時預りを行う事業である。一例として、神奈川県相模原市の利用規定は次の通りである。

> 対象：（市内）在住の0歳から18歳未満の子どもで、保護者が次のいずれかに該当し、保護者以外に子どもを養育する人がいない場合に利用できる。病児は預かれないなどの制限もある。出産、親族の看護など。病気、負傷、育児疲れなど。冠婚葬祭、出張などの事由（私的な旅行は除く）。
> 利用日数：原則7日以内。
> 利用料：乳児院・2歳未満は、生活保護世帯は無料、市民税非課税世帯2,000円、それ以外の世帯5,350円。2歳児以上は、生活保護世帯無料、市民税非課税世帯1,000円、それ以外の世帯2,750円。

2) 夜間養護等（トワイライトステイ）事業

　厚生労働省によると、「保護者が、仕事その他の理由により平日の夜間又は休日に不在となることで家庭において子どもを養育することが困難となった場合その他緊急の場合において、その子どもを児童養護施設等において保護し、生活指導、食事の提供等を行う事業」とされている。ショートステイ事業、トワイライトステイ事業ともに、実施主体は地方自治体である。

(2) 保育所と関係機関との連携

　要保護児童およびその家庭に対する支援は、関係機関との連携を強化し、予防および早期発見とその後の継続した「切れ目のない支援」を展開することが大切である。そこで、要保護児童の重要専門機関とされる「児童相談所」、および要保護児童の関係者で情報交換と支援の協議を行う「要保護児童対策地域協議会」について紹介する。

1) 児童相談所

　児童相談所は、児童福祉法第12条に定められた児童福祉の行政機関である。都道府県と政令指定都市には設置が義務づけられており、中核市および特別区についても任意で設置することができる。全国に232か所設置され、152か所の一時保護所がある（2023年4月1日現在）。

　児童相談所は、虐待を受けたと思われる児童の情報を得たとき、原則として48時間以内に安否確認を行わなければならない。しかし、児童相談所の相談受付件数の増加や人員不足によ

る対応の遅れから、悲惨な結果を引き起こす事例もある。子ども虐待の防止および迅速な行動には、児童相談所の体制強化が課題となっている。

2) 要保護児童対策地域協議会

要保護児童対策地域協議会は、要保護児童、**要支援児童**[*4]およびその保護者、特定妊婦などの情報提供によるアセスメントを行い、支援方法などを共有していく場である。代表的な構成員として、児童福祉関係、教育関係、配偶者からの暴力関係、保健医療関係、警察・司法関係、人権擁護関係、その他（NPO・ボランティア・民間団体）があげられている。

なお、保育所も、この協議会の重要な構成員である。

■ キーワード

児童相談所　虐待の分類　児童虐待防止法　乳児院　母子生活支援施設　児童養護施設
短期入所生活援助（ショートステイ）事業　夜間養護等（トワイライトステイ）事業

■ 用語解説

＊1〔アセスメント〕　保育場面でのアセスメントは、子どもあるいは保護者の抱えている問題を客観的に判断するために、家族調査、育成記録、保育日誌などから詳細にその要因をとらえていく。いわゆる、他方面からの調査を重点的に行うことである。

＊2〔家庭支援専門相談員〕　家庭復帰支援の強化のため、乳児院、児童養護施設、児童心理治療施設、児童自立支援施設に配置。業務内容は、入所児童の早期家庭復帰のための保護者に対する相談援助、アフターケア、里親委託の推進、養子縁組の推進、地域や要保護児童対策地域協議会への参加など多岐にわたる。家庭支援専門相談員の資格は、①社会福祉士、精神保健福祉士のどちらかの資格保持者、②児童福祉施設において児童の指導に5年以上従事した者、③児童福祉司の任用資格保持者のいずれかでなければならない。

＊3〔アフターケア〕　施設退所後の生活支援のことである。2004年の児童福祉法改正により、各児童福祉施設を退所した者への自立のための援助を行うことが定められた。施設養護での具体的方法として、アドミッションケア（施設への受け入れ支援）、インケア（基本的日常生活支援）、リービングケア（退所前の移行支援）、アフターケアがある。

＊4〔要支援児童〕　育児不安の親の下で監護されている子どもや、養育に関する知識が不十分なため不適切な養育環境に置かれている子どものこと。

■ ブックガイド

重松清（2011）『とんび』角川文庫▶高度経済成長期の広島県が舞台。男手ひとつで息子を育てる武骨な父親の物語。昭和の時代の一般的な父親のイメージが巧みに描かれている。また、父子を支える人たちのあたたかさが伝わってくる一冊である。重松清の小説は、家族や友人、子どもや夫婦のあり方を問う作品が多い。

春原由紀・土屋葉（2004）『子育てと健康シリーズ㉓　保育者は幼児虐待にどうかかわるか』大月書店▶2002年に保育士659名が回答した「子どもの虐待に関する調査」をまとめた一冊。自分のクラスのかわいい子どもたちが、家庭で虐待されているとわかったときの保育者の苦悩がリアルに描かれている。保育士として実践経験を積むための、自己研鑽として目を通してほしい。

（髙橋　雅人）

本章のポイント

● 乳幼児をもつ保護者が子育てにどのような負担や悩みを感じているのか理解する。

● 法律や保育所保育指針から子育て支援について理解する。

● 保育所で実施している多様な保育サービス事業や、保育所で展開されている保護者支援の実際の内容を知る。

● 保育所等を利用する家庭への支援における関係機関との連携について、事例を用いて理解する。

1　子どもの年齢の変化に伴う保護者の子育てに関する負担や悩みの変化

　乳幼児をもつ保護者は、保育所等を利用するしないにかかわらず、子どもを育てていて負担に思うことや悩みを抱えている。それは、育児だけに限らず、保護者としての生き方や価値観にも影響をおよぼしている。では具体的に、保護者は子育てについてどのような思いや悩みをもっているのだろうか。厚生労働省が行っている「21世紀出生児縦断調査」を基に示したものが、図表10-1である。

　図表10-1を見ると、乳幼児を問わず、「自分の自由な時間を持てない」「子育てで出費がかさむ」「子育てによる身体の疲れが大きい」という項目は上位を占めている。また、3～4歳児からは「気持ちに余裕をもって子どもに接することができない」という項目もあがった。一方で、「目が離せないので気が休まらない」という項目は子どもの年齢が上がるにつれ数値が下がっている。子どもの成長に日々かかわって見届けていくなかで、心身の発達やそれに伴う基本的生活習慣の自立、また子ども自身の危機管理能力が向上してくることを、保護者自身が実感しているといえる。

　このように、乳幼児をもつ保護者の子育てに関する負担や悩みは常に尽きないものであり、子どもの成長や生活する環境によって、その内容は変化していくことがわかる。保育所等を利用する子どもの家庭も同様に、負担や悩みをもっていると考えられる。特に保育所には、子ども自身に関することや生活する地域の子育て環境に対して保護者へ支援を行い、子育てへの負担感や悩み、不安を軽減もしくは解消する役割が求められているといえる。

2　保育所等を利用する子どもの家庭への多様な支援の展開

(1) 保育所における子育て支援に関する基本的事項

　保育士の業務については、「保育士の名称を用いて、専門的知識及び技術をもって、児童の保育及び児童の保護者に対する保育に関する指導（保育指導）を行うことを業とする」（児童福祉

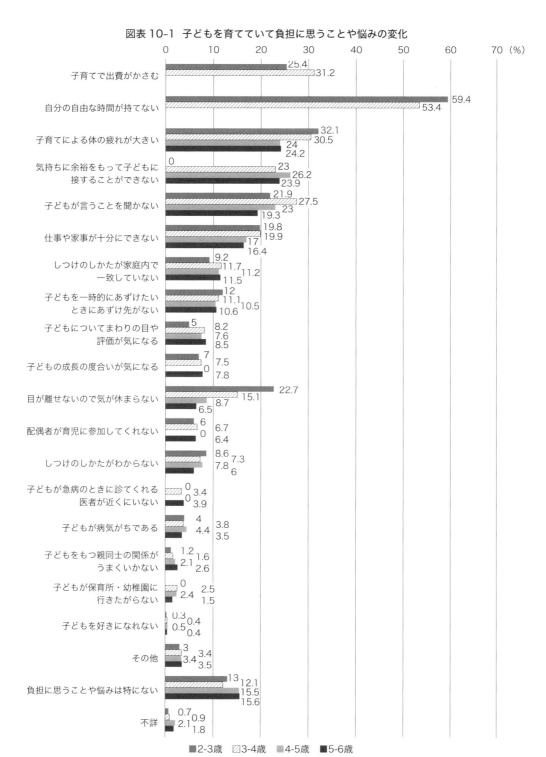

図表 10-1　子どもを育てていて負担に思うことや悩みの変化

凡例：■ 2-3歳　▨ 3-4歳　▨ 4-5歳　■ 5-6歳

（注）本調査は、厚生労働省が、人口動態調査の出生票に基づき、全国の 2010（平成 22）年 5 月 10 日から同月 24 日の間に出生した子のなかから調査客体を抽出し、子どもの成長と生育環境との関係を 1 年ごとに継続して調査したもの。保育所・幼稚園利用の有無についての記載はなく、母親の就業状況についてのみ記載されている。双子、三つ子についても、それぞれの子が対象となっている。

（出典）厚生労働省（2010-2016）「21 世紀出生児縦断調査（平成 22 年出生児）」

法第18条の4）と業務が規定されている。また、保育所保育指針において保育指導とは、「保護者が支援を求めている子育ての問題や課題に対して、保護者の気持ちを受け止めつつ行われる、子育てに関する相談、助言、行動見本の提示その他の援助業務の総体」であると示されている。

　保育所における子育て支援については、保育所保育指針第1章「総則」において、保育所保育の基本原則が示され、保育所の役割や保育の目標、保育の方法のなかで位置づけが示されている。さらに、第4章「子育て支援」においても、保育所における子育て支援に関する基本的事項が示され、保育所の特性を生かした子育て支援のなかで位置づけが示されている。

　法律でも、告示された保育所保育指針においても、保育所等を利用する子どもの家庭への支援は「積極的にすべきこと」として規定されている。そして、保育所だからこそできる支援を、専門性を発揮しながら行うことが求められている。

(2) 保育所で実施している多様な保育サービス事業と内容

　保育所における子育て支援に関する基本的事項は先述の通りである。ここでは保育所で実際に実施されている多様な保育サービスを示す（図表10-2）。これらは子ども・子育て支援新制度の施行に伴い、地域子ども・子育て支援事業で対応している事業、施設型給付で対応している事業など、位置づけも多様である（⇒第2章参照）。

　保育所等を利用する子どもの家庭は、保育を必要とする多様な事由と状況に応じて、必要な保育サービスを組み合わせて子育てをしている現状がある。社会で子育てを支えるサービスとしては有効であるものの、サービスの利用によって家庭の経済的負担が増大したり、11時間を超える長時間保育による子どもの心身の疲労など、少なからず子どもにも保護者にも負担が伴う可能性はある。

図表10-2　保育所で実施している保育サービス事業および内容

事業名称	事業内容
延長保育	保護者の就労形態の多様化に伴う延長保育の需要に対応するため、11時間の開所時間を超えて保育を実施する
夜間保育	概ね22時頃まで開所して保育を実施する
休日保育	保護者がサービス業等に従事しているため、日曜・祝日等の休日に家庭での保育が困難となった子どもに保育を実施する
病児・病後児保育	子どもが病気中や病気の回復期で集団での保育が困難であり、仕事などの事情で保護者が家庭で看護できない場合、病院・保育所等に付設された専用のスペースにおいて看護師等が保育を実施する
障害児保育	障害のある子どもを受け入れ、保育士を増やすことや必要な設備を整備して保育を実施する
特別保育（一時預かり）	子育て家庭における保護者の育児疲れ解消や急病、入院、就労などに伴い、保育所等で子どもを一時的に預かり保育を実施する

（筆者作成）

　さらに、医療的ケア児への保育など、先駆的な取り組みをしている自治体や事業所もある。そのなかには、国が実施してきた施策だけではなく、その時々の社会状況で、子育てをするために必要な保育サービスについて保護者や保育者、起業家が声を上げ、事業につながり確立されてきたものもある。今後も、保育サービスが多様化

し続け、その時々のニーズに合わせて、子育て家庭への最善の利益を追求しようとする支援へと広がることが望まれる。

(3) 保育所で展開する保護者への支援と内容

では、保育所等を利用する子どもの家庭、特に保護者に対して、具体的にどのような機会や場、ツールを使った支援が行われているのだろうか。

保護者個人や保護者会などで直接のかかわりを通じて行われる相互応答的な**直接的支援**と、書面やお便りなどを用いる**間接的支援**とに分けて考えると、図表 10-3 のように示される。それぞれに役割があり、効果的な方法を利用して支援がなされている。以下では、特に、保育所で対応することが求められる「連絡帳」「送迎時の対応」「個人面談」「保護者懇談会」「お便り」「保育行事」について、内容を説明していく。

1）個別／集団での相互応答的な直接的支援

① 連絡帳等（連絡ノート、お便り帳、ICT を用いた連絡システム）

連絡帳は、生活習慣（食事・睡眠・入浴など）とその時間、健康状態（便・体温・機嫌）、家庭での様子、保育所での様子などが記載されており、24 時間を通して子どもの様子を家庭と保育所相互で伝え合うものである。また、紙媒体ではなく ICT（情報通信技術）を利用した連絡システムも構築されている。これらは、保護者と保育士が対面して行われるものではないが、毎日交わされるものとしてコミュニケーションを図ることができる。家庭での様子としては、

図表 10-3　保育所で展開される保護者への支援と方法

		支援の具体的内容	対応者	対応場所	ツール
相互応答的な直接的支援	個別	連絡帳	担任、クラスに入った保育者	ー	帳面、スマートフォン等
		送迎時の対応	担任、送迎時に引継を受けた保育者、園長等	園内全域（保育室、園庭等）	口頭
		個人面談	担任、園長等、保育士以外の専門職	保育室、事務室、面談室等	口頭、書類
		家庭訪問	主に担任	自宅	口頭
	集団	保育参加／保育参観	担任、主任等	園内全域（保育室、園庭等）一部、園外	口頭、保育活動
		保護者懇談会	担任、主任等	保育室	口頭、資料
間接的支援	書面	お便り（クラス・園・保健・給食）	担任、園長、専門職	ー	書面、スマートフォン等
		おしらせ・掲示・一斉メール	園長	ー	書面、メール、スマートフォン等
	対面	保育行事	保育所全職員	園内全域 一部、園外	ー
		保護者主体の組織（保護者会、父母会、PTA、後援会等）	園長、主任、対応担当職員	園内全体 一部、園外	口頭、書類、スマートフォン等

（筆者作成）

図表 10-4　ある保育所での連絡帳の実際

9月10日 火曜日　天気 ☀　名前 北樹 花子

ミルク睡眠・便	家庭から	検温 37.0	水あそび 有・無
	食事	夕食<19:00>・さけチャーハン・ポテトサラダ・みそ汁・大豆煮・とうふ	朝食<6:50>・そうめん・みかん・ヨーグルト
	薬 無・有（　　　　　　）		
	機嫌 良・普・悪	便 下・普・硬　回	入浴 有・無

<様子>
朝からパパと闘っていました。今は嫌！！と牛乳が宙を舞っていました。みかん缶を与えたら、気分好転。ごはん、他も食べ始めました。怒るとなかなか大爆発するので、切り替え方が難しいです。昨夜は、本を読む兄を追いかけ、兄を困らせていました。最後は奪い取り、描かれたドラえもんとチコちゃんについて話していました。

お迎え時間（　　　　　）　　お迎えの方（　母　）

園から　検温 <　：　>　℃

午前おやつ　｜　給食　｜　午後おやつ

便 下・普・硬　回　｜　機嫌 良・普・悪

<様子>
お家での様子が目に浮かんできます（笑）自分の思いを沢山出している花子ちゃん、笑ったり、泣いたり、怒ったり、忙しいですね。そんな姿を受け止めていきたいです。お兄ちゃんもさすが！怒るのではなく、絵本を貸してくれたのですね。優しいですね。今日はりすのへやでたっぷりとあそび、給食も完食です。着替えしようと戸を掛けるとはだかんぼうのまま逃げていきました。

家庭でのエピソードだけではなく、子どもに関する連絡事項や、保護者からの子育てに関する悩みや質問などが書かれていることもある。保育所での様子としては、子どもの遊びや生活の様子を具体的に描写して外面・内面からの育ちの様子を伝えたり、保護者からの悩みや質問に対する返答などが書かれている（図表10-4）。

連絡帳等を活用する際に留意すべきことは、個人情報保護の観点からのツールの管理と、言葉遣いである。個別の情報が確実に守られ安心できる環境がある上で、保育士から子どもの成長や保護者の子どもへのかかわり方についての支持的な内容が書かれていたり、また保育所で生活する具体的な子どもの姿、保護者の言葉への誠実な返答などが積み重ねられるなかで、保護者は徐々に保育士や保育所に対する信頼感を培っていくことができる。

② 送迎時の対応

保護者が朝、子どもを送り届けたときと、夕方から夜にかけて迎えに来たときに保育者との間で口頭で交わされるものである。送りの際は、子どもの体調、迎えの予定時間、迎えに来る人物の連絡など、保護者からの連絡事項を受けることが多いが、迎えの際は時間的に余裕がある場合が比較的多く、保育士からも子どもに関する健康状態や保育中のエピソードを伝えたり、家庭での様子を聞いたりするなどのやりとりができる。日々の対面でのやりとりは、身近な存在として信頼関係を築くことにつながるが、一方では保護者の反応も直接得やすいため、保護者の様子や状況によって、保育士の態度や言葉の選び方、伝える内容に配慮することが必要である。また、子どもと保護者とのやりとりや、保護者の表情や言動を丁寧に観察し、保護者の変化に対する保育士自らの気づきも大切にしてほしい。

③ 個人面談

個人面談は、保護者と保育所内の職員による面談で、園内で特定の時間と場所を設けて実施されるものである。担任との個人面談は、保護者の必要に応じて年度内に1〜2回（進級に伴う時期や、進級して子どもの生活が安定してきた時期などに）行われる。また、食物アレルギーや障害の有無などにかかわらず気になる子どもがいる場合は、保護者からではなく保育所の方から保護者へ投げかけ面談を設定したり、別途、園長や栄養士などを含めた複数での面談の場を設けたりすることもある。

このような特定の場面では、保護者も毎日のやりとりでは気づかないことを相談・質問でき

たり、保護者が自分自身の子どもに対する思いを知ることができる機会となる。また、保育所側もできる援助の範囲や限界、具体的配慮の内容、子どもに対する支援の方向性や目標を保護者に伝え、相互で確認できる場ともなる。しかし、子どもや保護者に関するデリケートな内容の場合、また精神的に敏感な保護者へ対応する場合などについては、事前にわかる範囲で、保育所内で十分な協議を重ねることが必要である。また、保育所の機能や役割の範囲や限界も把握し、子どもと保護者が安心して抱えている課題に向き合えるようになるための資源（⇒第2・3章参照）の紹介など、保育所が家庭に寄り添い続けられるような支援が求められる。

④ 保護者懇談会（保護者会、説明会等）

　保護者懇談会は、保育所にて、保育所の全保護者、各年齢のクラスの保護者、新しく入所する保護者などを対象に実施されるものである。個人面談同様に、年度内に1〜2回程度行われる。目的は、実施される時期や内容によっても異なるが、①知る・伝える場、②交流の場、③子どもの成長を共有する場である。

　「知る・伝える場」としては、保育所の概要や保育方針・目標の説明、用意する持ち物や日々使うものの説明、デイリープログラムや各年齢における保育のねらいなどを伝えている。また、子ども同士のトラブルへの保護者同士の対応の仕方や、保護者の対応・協力が求められる行事などの情報も伝えている。特に新しく入所する場合や進級する場合など、保護者がもつ情報が少ないために起こる不安を軽減し、子どもが生活するイメージや保護者が預けるイメージができるようにすることが目的である。

　「交流の場」としては、同じ保育所に預けている／預ける予定の保護者、同じ年齢の子どもをもつ保護者、同じ地域に住む保護者と共通点のある保護者が集うため、自然と話題がつながることも多く、送迎時に顔を合わせていることもあるため、懇親会によりさらに交流が深まる場合もある。また、保育所や保育士に対する他の保護者からの意見や質問に共感することなどを通して、自らの子育てを振り返るきっかけにもなる。保育士からだけではなく他の保護者から話を聞くことで、同じ悩みを共有したり、きょうだいがいる先輩の保護者からアドバイスをもらったりすることもできる。集団での力学を活用することで、保護者同士が話し合い、解決し、自らの養育力を向上させる機会となるよう、特に保育士は保護者同士をつなぐ役割を担うことも求められる。

　「子どもの成長を共有する場」では、保育士から保育所生活における子どもの姿を伝えることや、年間を通した子どもの成長と発達の見通し、保育における目標や意図を示すことができる。また、保護者が保育士から乳幼児の発達に対する知識や援助技術を学んだり、家庭生活では見えない集団での子どもの姿や、他の保護者が自分の子どもをどのようにとらえているかにふれたりするなかで、子どもを客観的にとらえることができるようになる。足りないところをできるようにするという視点ではなく、子どもの伸びているところに目を向けてそこから育ちの幅を広げていくという視点は、子どもの育ちに関する専門職である保育士だからこそできる支援であり、認め合う、喜び合う力を養っていく必要がある。

2) 書面／対面型での間接的支援

① お便り（クラス・園・保健・給食）

　保育所では、毎月または定期的なお便りを紙媒体またはデータ媒体で配布している。作成者によって、クラス単位のもの、園全体のもの、健康関連（保健や給食）のものなどがある。たとえばクラスのお便りは担任保育士が、給食や食育については栄養士が作成している。記載内容は、「集団での子どもたちの様子」「保護者への依頼（季節の持ち物や爪などの清潔管理面）」「感染症（インフルエンザ等）への注意喚起」「当該月の誕生児の紹介」「行事予定」などである。保育士が、クラス内での興味・関心や、集団のなかでの子ども個々の育ちを伝えるとともに、その月のねらいや日常の保育の意図を保護者に伝えている。保護者はどうしても「自分の子ども」に焦点を当てがちだが、お便りを通じて「集団」に焦点を当てた保育士のとらえ方を知ることで、集団生活のなかで自分の子どもに育まれているものや、子どもの気持ちや思いを知って子どもを受け止めるきっかけになる。

② 保育行事

　保育所では、季節の行事や保育所独自の行事、毎月行われる行事、地域とかかわり合う行事など、様々な行事が催される（図表10-5）。

　平日や土日祝日に催されるものや、保護者のみの参加や地域住民に開放して催されるもの、地域の住民の協力を得て催されるものなど、保育所によって取り組み方に違いはあっても多様な行事が催されている。行事の場面では、特に意図して保育士と保護者とのかかわりが設定されていなくても、顔を合わせて行事に参加することになる。そのため、保護者が行事を通して子どもと保育所での生活の一部を共有できたり、子どもの成長や発達に気づき、ともに喜びを味わう機会になったりと、間接的な子育て支援となっているともいえる。その際保育士は、保護者が仕事などを調整して行事に参加していることをねぎらい、感謝を伝えることにより、保護者との信頼関係を築くことができる。また、行事のねらいを保護者に丁寧に伝えつつ計画を立てていくことにより、行事を通して保育所での子どもの豊かな育ちが保障されていることへの理解にもつながる。

図表 10-5　ある保育所での年間行事予定

（出典）けやき子ども園ホームページ

3　保育所等を利用する家庭に対する関係機関との連携

　ここまで、保育所等を利用する子どもの家庭の実態や、家庭が子育てに関して抱えている悩みの例、また保育所ではどのようなサービスがありどのような支援が展開されているのかをみてきた。本節では、実際に保育所を利用する家庭に対して保育所と関係機関がどのように連携を図っているのかを、事例を通して考えてみたい。

(1) 食物アレルギーをもつ子どもに対する支援と医療機関等との連携

事例10-1　四者面談による保育所と病院との書面による連携

　0歳3か月で入所したS君は、当初から顔や身体に痒みを伴う湿疹やただれなどの皮膚症状が見られた。母親は「病院へ通院し塗り薬など処方され、毎日塗っているが改善されない」と不安な心境を保育士に伝えていた。ミルクや冷凍母乳を飲んでいたS君も5か月になり離乳食をはじめる時期になってきた。そこで保育士は、食物アレルギーも考慮し、近くの病院でアレルギー検査をしてみてはどうかと勧めいくつかの病院を紹介した。保護者も皮膚状態の改善を積極的に望んでいたため、アレルギー科のある病院を探して受診し、血液検査の後、塗り薬や飲み薬が処方され、医師から治療への正確な知識が伝えられた。処方された薬を使い始めしばらくすると、S君の症状は徐々に改善され、両親とともに保育士も喜んだ。

　医師からの対応指示書（医師からの診断と保育所で対応すべき指示が記載された書類）により、S君は「食物アレルギー」の診断を受け、4種の食品の除去食対応が必要であることがわかった。それに基づき保育所では、担任保育士、園長、栄養士、母親とで面談を行った。母親からは、医師から処方薬について指導されたこと、今後の治療の見通しなどが話された。担任からは、クラス対応（子どもの座席位置の考慮、給食内容のダブルチェック、保育士の介助方法など）、栄養士からは給食での配慮（献立のアレルゲン食品の事前チェック、差別化できる食器、調理のプロセス、代替食品の提案など）、園長からは保育所の方針（除去食の対応、与薬の預かり方、今後の面談日程など）をそれぞれ示し、合意が得られて離乳食がはじまった。

　その後も、連絡帳や送迎時の口頭連絡などの際に、保育所・家庭での食事の様子を双方で共有し、年に2回程度、四者面談を重ねてきた。S君は、2歳で大学病院での食品負荷試験（医師監視のもとでアレルギー食品を少しずつ摂取して限度量を見極める検査）を行った。さらに、血液検査のアレルギー反応数値が成長するにつれて少しずつ下がり始めていた。その後、給食の除去食は4種から1種にまで改善され、大きな事故もなく5歳になった。

食物アレルギーの子どもが入園してくることは珍しくない。しかし、日々の給食場面はもちろんのこと、ほかにも小麦粉粘土遊びや節分での豆まきなどの行事、食育活動（クッキング、野菜の前処理）など、食品を扱う保育場面は数多く、場合によっては子どもの命にかかわる危険性もある。そのため、子どもの健康状態に関して保護者から不安や悩みが示された場合や、保育の活動内容によっては、専門的な関係機関へ必要に応じてつなぐことが求められる。

　その際、保護者の困っていることや不安を丁寧に受け止めて把握し、子どもにとって最善の状況を一緒に考えようと保護者に寄り添い、必要な情報を複数用意して、保護者や子どもの生活に心身の負担がかからないような範囲で保護者が自ら選択して対応できるように配慮する必要がある。

　事例10-1では、保育所では保護者を中心に病院や医師との連携を図ってきた。さらに、保育所内でも日々直接かかわる担任保育士に加え、日々の給食で除去食対応をする栄養士、危機管理や保育士への情報共有を担う園長が連携している。四者による個人面談の場を設けることで、保護者から聞き取りたいことや、保育所として伝達したいことなどを確認し合うことができる。また、保育士だけでなく栄養士や園長が同席することで、保護者が専門的な助言を得られ、家庭で子育てをするときのヒントになることもあり、保育所の特性としての人的環境を十分に活用する機会にもなる。

　母親との個人面談を年に数回、0歳から5歳まで繰り返し続けていくなかで、S君の健康状態も除去食の対応も少しずつ変化していった。保護者からも、病院での受診結果や子育てへの悩み、喜びが保育所に定期的に伝えられるようになった。さらに、同じ食物アレルギーに悩む保護者に対してアドバイスをする様子なども見られるようになった。

(2) 精神疾患を患う保護者に対する支援と自治体との連携

事例10-2　保育士、保健師等との細やかな協働と家庭への包括的サポート

　Yちゃんは、4歳児クラスの11月に転入園してきた。Yちゃんの家族は母親と中学生の姉の3人暮らしで、ひとり親の家庭である。入所時、Yちゃんには物事の理解がやや幼いことや言葉の発音に不明瞭さがある、語彙が少ないなどの姿が見られた。そこで保育所では、自治体から派遣される巡回相談員にYちゃんの様子を観察してもらい、必要な対応や助言を求めるなどしていた。

　母親は、入園当初より精神的な不安定さはあるものの、緊張しながらも保育士やクラスの保護者と交流していた。また、3歳児健診での保健師からのアドバイスを受け、Yちゃんの言語訓練のため特別支援学校に通いはじめるなど積極的に行動していた。

　進級目前となった2月、クラスの保護者懇談会を開催し、担任保育士からは5歳児の成長・発達や今後に向けての準備について話し、保護者からは自身の子どもの様子を話し共有する場を設けた。しかし、Yちゃんの母親はマスクをして下を向いた

まま、子どもについての話もひとこと程度で終わってしまった。その姿を心配した保育士が個別で声をかけたものの、母親は体調不良を訴えすぐに帰ってしまった。

　Yちゃんが進級して間もなく、母親の精神的な波がさらに顕著になりはじめ、周囲とかかわらず、Yちゃんも事前の連絡なく保育園を休むことなども増えてきた。次第に家からも出られなくなり精神疾患の診断を受け、仕事の休職も余儀なくされた。担任保育士は園長とも相談しながら母親に電話連絡をし、配布物の説明や家でのYちゃんの様子、母親の病状を確認し、定期的に情報を得るようにした。また保健センターへも連絡し、これまでもYちゃんを通じて母親の実態を把握してきた保健師に現状を報告して支援方法について相談した。すぐに保健師による家庭訪問が実施され、治療の状況、母親のもつ地域の資源などが明らかになった。

　そこで、担任保育士、園長、母親とで三者面談を行い、母親から保育所に預ける上で難しいと感じていることを率直に話してもらい、朝の登園時間は症状によってフレキシブルでもよいこと、Yちゃんの安定した生活リズムを整えていくためにも保育所にはできるだけ毎日通園することを確認した。さらに、保健師や園長の家庭訪問や電話での心理的サポートにより、少しずつ母親の症状にも回復傾向が見られるようになり、Yちゃんも安定して通所できるようになった。

　その後も保育園では、Yちゃんの育ちについて気になる姿があれば、母親の受け止め方を考慮しながら伝え、保育園でできることに加え専門機関・専門職ができることを説明して、子どものどのような成長につながるのか、子どもと人生を歩む母親が将来の成長の姿を前向きにイメージできるように伝えている。

　保護者自身が何か障害や病気をもっている、あるいはそれが疑われる状態で子育てをしていると、自分や子どものこと、周囲との関係性、毎日の生活や今後のことなど、経済面や精神面などでの不安要素は尽きない。何とかしなければならないという気持ちはあるが、助けを求められない、求めていいのかわからないこともある。このように保護者の自ら行動する力が弱まっている場合、信頼できる温かな対応により後押しをする支援が必要となる。保育所はフォーマルな社会資源（⇒第2章、第3章参照）のひとつとして、子どもの保育および保護者へ個々の状況に合わせた支援を行う役割を担っている。そのためには、保護者のもつ**ストレングス**（その人自身が本来もっている力や長所）[*1]を認めること、心身の状態を可能な限り把握し、支援を求めることへのハードルを低くできるよう寄り添う姿勢が求められる。

　事例10-2では、保育園へ転入園する前は保健センターが、転入後は保育園が、Yちゃんと母親に継続的にかかわってきた。また、保育士が保健師と情報共有をしてきたため経過が把握しやすく、何か母親に変化があると察して声をかける、訪問する、子育ての悩みや不安を聴くなどのかかわりや、病状に合わせた専門的な対応がなされた。

季節や気候、家庭での出来事、周囲との関係性などにより母親の状態が時々で変わることはあっても、保育所としては常に母親を受容し認めるかかわり方を丁寧に支援することで、母親自身が保育所に信頼を寄せることができたといえる。

謝辞：本章を作成するに際して、資料の提供等ご協力いただきましたけやき子ども園に感謝を申し上げます。

キーワード

直接的支援　間接的支援　関係機関　連携

用語解説

＊1〔ストレングス〕　支援を必要としている人が個別的にもっているプラス面の強みのことである。その人自身が抱えている問題を否定的ではなく肯定的にとらえ、何かができるという能力、何かがしたいという願望や意欲、好みや資質などの側面を示す。

ブックガイド

秋田喜代美・馬場耕一郎監修（2020）『保育士等キャリアアップ研修テキスト6　保護者支援・子育て支援（第2版）』中央法規▶今後の保育の質を高めるために、保育士養成校で学ぶ過程だけで終わらず、キャリアアップしていくことが求められている。その点でも保護者や子育て家庭への支援は不可欠な分野であり、働き出した後も活用できる書籍である。

武田信子（2018）『保育者のための子育て支援ガイドブック──専門性を活かした保護者へのサポート』中央法規▶地域の子育て支援について、プロの立場として保護者が地域の生活のなかで育つ「成長の支援」「場作り」を行うことを意識ができる。また、保育者が知りたいと思う保護者の姿を示し、保護者支援へつなげていくことができる実用性のある書籍である。

（室井　佑美）

本章のポイント

●地域の子育て家庭への支援の意義と必要性について理解する。

●地域における子育て支援事業の実際について学び、具体的にイメージする。

●地域子育て支援には多様な担い手がいることを理解し、地域づくりの役割を学ぶ。

1　地域の子育て家庭への支援の意義と必要性

　保育所保育の基本的な考え方、保育の実施や運営に関する内容は、保育所保育指針に定められている。現行の指針は、2017（平成29）年に改定され、子どもの育ちや子育てに関する社会環境の変化、子育て家庭の課題に対応する内容に変更された。子育て家庭の保護者に直接働きかける支援を「直接対人援助」といい、第6章で学んだソーシャルワークの技術が用いられる。そのため、保育士にとって、ソーシャルワークを展開するための様々な知識や技術の学びは欠かせないといえる。

　保育所保育指針は、第4章で、保育所の担う子育て支援の対象を、園を利用している子どもの保護者と、地域で子育てをしている保護者の両方であることを示している。その背景には、子育て家庭の子育てに対する負担感や不安感の増加がある。特に、未就園児のいる保護者の子育てへの不安は、就園児の保護者よりも強い（図表11-1）。また、しつけや教育の情報源についての調査では、頼れる人（機関）が身近にないと感じている未就園児の保護者が多いことが明らかになっている。

　子どもが利用しているかどうかに関わりなく、保育所は、こうした不安を抱く保護者にとって一番身近な子育て支援の提供の場として、地域の多様な**社会資源**(*1)と連携や協同を図り、「**地域に開かれた子育て支援**」(*2)として保護者の養育力向上に結び付く支援を行うことができる。保育所は、地域の子育て支援に関する情報を把握して、地域の子ども家庭福祉に関する課題に取り組むことが求められている。

図表 11-1　子育てへの不安（未就園児・就園児別）

子どものことでどうしたらよいか分からなくなること（%）

	よくある	時々ある
未就園児	19.0	50.8
保育園児	14.4	51.2

子どもが将来うまく育っていくかどうか心配になること（%）

	よくある	時々ある
未就園児	34.6	40.3
保育園児	26.9	43.7

(注1)「よくある」「ときどきある」の回答のみ提示。
　　2) サンプル数は未就園児 565 名、保育園児 807 名。
(出典) ベネッセ教育総合研究所「第6回幼児の生活アンケート」より引用し作成

2　地域の子育て家庭の支援の現状と実際

　第1章でみてきたように、**地域子ども・子育て支援事業**の創設の背景には少子化対策と子育て家庭への負担軽減があった。特に、孤立しがちな3歳未満の時期を親子でどのような形で乗り越えるか——この課題を解決するために、子育て仲間づくりや地域づくりが必要不可欠になったのである（⇒第2章3（3）参照）。本章では、地域の子育て家庭への支援の実際を、具体的な事例を通して見てみよう。

(1)　子育て支援センター

　子育て支援センターは、子育て相談や子育てサークルの育成を行うとともに、子育てに関する情報交換や親子教室を実施する。実施主体は市町村（特別区を含む）だが、社会福祉法人、NPO法人、民間事業者などへの委託も可能となっている。全国におよそ4,000か所以上が設置されており、管轄行政機関からの委託を受けて保育所に併設されることが多い。子育てネットワークを作るために、地域にある公園や公共施設にセンター所属の保育士が出向いて、地域支援活動を一体に行うこともある。また、センターの利用のべ人数は各市町村が年度末に報告しているが、2023（令和5）年現在では全国規模の統計は取られていない。

1)　事例I〈土日も開所！子育て家庭だけでなく地域の交流場〉

　千葉県富津市は、市内3か所に子育て支援センターを設置し、それぞれが利用者のニーズに合った事業を展開している。「途切れることなく子どもの成長を見守り、支え、関わりたい」という思いから地域交流センター内に設置された「カナリエ」は、子育て親子の交流の場だけでなく、多世代間交流の場として賑わっている。就業している親や祖父母もイベントや講座に参加しやすいように土日も開所し、健康福祉課と連携をとって、子育てに関する情報に加えて地域住民に役立つ情報を発信している。また、月に2回「ママの趣味の日」を設けていて、センター職員が子どもを預かり遊ばせているあいだ別室で好きな趣味に没頭できる、というサービスを提供している。手軽に調乳できるよう冷温水機もあり、昼食を持参してゆっくりと過ごす利用者が多い。頻繁にセンターを利用しているというSさんは、6歳と9か月の2児の母親である。東京から引越してきて3年目で、上の子どもを幼稚園に送り出した後にセンターに立

図表11-2　地域子育て支援事業のようす

（出典）カナリエ提供　　　　　　　　　　　　　　　（出典）八重原幼稚園

ち寄り、幼稚園の降園時間まで過ごすこともあるという。「実家のように居心地が良くて利用しやすいし、子育てのなかで感じたモヤモヤを、ふらっと立ち寄って、職員さんに話すことができます（Sさん）」と、母親の居場所としての機能も備えている。

2）事例2〈大学附属園の強みを生かし地域の子どもたちの発達を保障〉

　清和大学附属幼稚園では、早い段階から、専門的な音楽教室・造形教室・体操教室・英語教室・ICT教育などの活動を経験する。それぞれの園が地域子育て支援として、園庭開放、未就園児教室、育児相談会を実施しており、未就園児教室は1歳児と2、3歳児に分けて、リズム体操やお絵描き教室、親子造形教室など、親子の絆が深まるプログラムを組んでいる。また、運動会やお遊戯会などの行事に未就園児が参加できる機会を設け、保護者同士の交流や保育教諭とのかかわりを通して、未就園児の親の感じている「少しの不安」の解消をめざしている。未就園児教室には、系列大学所属の看護師と臨床心理士も参加し、子どもとかかわりながら、主に子どもの心身の発達状況に目を配る。希望する保護者には十分な時間をかけて個別相談に応じ、専門機関へとつないでいる。

　事例1はいわゆるセンター型の子育て支援センターで、事例2は認定こども園の実施する地域子育て支援事業である。このように、地域の子育て家庭への支援は、それぞれの地域での保育や教育に対するニーズに対して創意工夫をこらして行われている。しかし、富津市の「カナリエ」のように土日に開所しているセンターは全体の11.1%にとどまっており（三菱UFJリサーチ&コンサルティング．2018）、まだまだ共働き世帯や父親の育児促進に対するニーズに応えきれてはいない。子どもの育ちと子育ては、家庭のなかで完結する営みではない。保育所や認定こども園などの社会資源の利用だけでなく、保育者や保健師などの専門職による助言や、子育て支援センターなどで出会う地域の様々な人たちとのかかわりを通して、循環的に営まれるものである。出産後も母親が働くことを前提とするならば、仕事と育児の両立が図れるよう、また父親も積極的に育児参加ができるよう、よりきめ細やかなサポートが必要だろう。

（2）利用者支援事業

　主に、市町村の窓口や市町村保健センターなどで実施されている。2022（令和4）年度の実施状況は全国で3,141か所となっていて、子ども・子育て支援施策全体のなかで要の事業ともいえる（こども家庭庁「利用者支援事業について」）。子どもや保護者の身近な場所で実施され、利用者が地域の様々な情報にアクセスし、必要な支援を活用できるようにネットワークに基づく支援が行われる。

　例えば、自治体が発行する子育てマップには、保育所や幼稚園、児童館などの児童福祉施設だけでなく、お出かけスポットや育児サークルなど地域の情報がまとめられているものが多い。千葉市花見川保健福祉センターが2021（令和3）年に発行した「はなみがわ子育てHAPPYマップ」（図表11-3）はカラー両面刷りで、子育てにかかわる様々な情報にQRコードで簡単にアクセスできるよう工夫されている。さらに、「パパママの健康は大事」として糖尿病ゼロプロジェクトの情報も載せているが、子育て支援の枠を超えて地域住民の健康促進に関する支援も一

図表11-3　子育てマップの例

(出典) 千葉市花見川保健福祉センター (2021)

体となっているところが特徴的である。

　また、子育て世帯の孤立を防ぎ、子どもの育ちを支える方法として注目を集めているツールのひとつに、「きずなメール連携」がある。妊娠週数や子どもの月齢に合わせて、医師や管理栄養士、保健師などの専門家から健診や予防接種の案内に加え、「そろそろ果物を離乳食に加えられます」「寝返りができる頃ですね」「爪が生えてきました」などのメッセージが届き、同時に、スマホアプリのLINEを通じて、自治体の支援情報を受信することができるサービスである。利用者のメリットは、使い馴染みのあるアプリを媒体とすることで、気軽に情報にアクセスできることである。受動的でも必要な情報を受け取ることができ、子育てに対する心理的な負担や不安が軽減される。自治体にとっては、妊娠期から育児期までの子育て支援の情報を包括的に配信できる。子どもの発達に合わせたタイムリーな情報発信は、乳幼児虐待の予防としても期待される。実施自治体は、千葉県内では富津市、松戸市、また新潟市北区、朝倉市など多く存在するが、全国的に展開されているわけではない。各自治体が、地域の実情に合わせて、それぞれの課題に取り組んでいるのである。

(3) 子育て支援援助事業（ファミリー・サポート・センター事業）

　「ファミサポ」の略称で浸透しつつあるファミリー・サポート・センター事業は、地域で子育てを助け合う有償相互援助活動であり、子どもの預かりの援助を受けたい者（依頼会員）と、子どもを預かって援助を行いたい者（提供会員）のアドバイザーとマッチングを行う。会員は、乳幼児や小学生などの児童を子育て中の保護者や、20歳以上の地域住民である。依頼会員であると同時に、手が空いているときは預かる側になる会員を、両方会員という。

　2022（令和4）年度の全国のファミサポ会員は、依頼会員が60万人、提供会員が14万人、両方会員は4万人である。ファミサポには実施要件があり、①会員数は20人以上、②相互援助活動中の子どもの事故に備えた補償保険への加入義務、③子どもの預かり場所の定期的な安全点検の実施、④事故発生時の円滑な解決に向けた会員間の連絡等の実施、⑤提供会員に対する緊急救命講習や事故防止に関する講習の実施、⑥5年に1度フォローアップ講習の実施、などがある。実施体

図表11-4　ファミサポ通信

(出典) 木更津市ファミリー・サポート・センター発行

は市町村（特別区を含む）で、実施市町村は 2021（令和 3）年度で 971 市町村となっている。

　具体的な事例を見てみよう。千葉県木更津市では、市の委託を受けた社会福祉法人木更津市社会福祉協議会が 2017（平成 29）年から事業を実施している。2019（令和元）年より「ファミサポ通信」（図表11-4）を年に 1〜2 回発行し、情報発信や会員獲得に向けて取り組んでいる。「会員の声」のコーナーには、「自宅で預かったとき、自分の子どもも大喜びで一緒に遊んでいます。今では、子どもも楽しみに待っています」など、具体的でわかりやすい感想が並んでいて、会員数は年々増加している。生後 6 か月から小学校 6 年生までの子どもを預けることができるが、この間実施されてきた相互援助活動の例を挙げると、保育施設までの送迎や、保育施設の開始前や終了後の子どもの預かり、冠婚葬祭や通院などでの預かり、レスパイト（休息、息抜き）目的の預かり等がある。会員同士の交流を深めるために定期的な会員交流会を開催し、提供会員・依頼会員・両方会員と、それぞれの立場からの意見交換や情報交換の機会を設けている。

(4) その他の支援

　子どもや子育て世帯に対する支援には、民間や官民協同で取り組むものも多い。私たちの生活の身近なところに、子ども家庭への支援を目的とした活動がある。本章では、こどもまつり、企業型休日子どもクラブ、育児アプリの開発、などの活動を紹介する。

1) こどもまつり

　「こどもまつり」と冠した祭りは全国の区市町村で開催されている。いわゆる、地域のなかで古来より根付いた祭りとは別のものであり、子どもが主体となってまつりを切り盛りするものや、子どもと子育て世代が楽しめる催し物に特化した祭りなど、内容は様々である。いずれも、地域住民で構成する団体、企業、児童関連団体、行政機関が協同して運営に当たっている。こどもまつりの大きな特徴としては、子どもに遊びを提供する体験型・参加型の企画が中心となることである。

2) 地域活性化

　愛媛県八幡浜市では、休日の学童保育ニーズに対応すべく、民間企業が商店街の空き店舗を活用して「休日子どもクラブ」を設置することとなった。商店街の活性化を図る目的も加わり、地域・企業・行政が協同して子どもや子育て世帯が安心できる居場所を商店街に作ることで、賑わいを創出する。このプロジェクトは「やわたはま銀座バスケット事業」と命名され、民間企業主導による柔軟な学童保育の運営により、需要が高まる特定の期間（長期休暇中や農繁期）をカバーし、豊かな教育プログラムを児童へ提供するとともに、保護者の就労を支援している。このように、過疎化や少子化などの地域課題の解決も包摂する形で、地域、企業、住民が一体となることで、働きやすく暮らしやすい地域づくりが推進されている。

3) ママパパマップ

　「ママパパマップ」は、コドモト株式会社が運営する、授乳室やオムツ替えなどを探すためのマップ検索サイトである（https://mamamap.jp/）。会員登録の必要はなく、無料で利用できる。現在地、駅名や地名、施設名称から最寄りの授乳室やおむつ替え台が検索でき、アプリとウェ

ブサイトを合わせると毎月 30 万人が利用している（2023 年 12 月現在）。登録されているスポットは約 9 万 8,000 件にのぼる。このアプリは、4 児の父が自身の育児経験をもとに「あったらいいな」を形にしたものである。市町村の発行する授乳室マップは、地域をまたいだ外出には対応が難しい。全国の行政がバラバラに赤ちゃんの駅情報を発信し、横断できなくて不便を感じたことも、アプリを開発した理由の一つであると、開発者は語っている[1]。また、「授乳室を探す心配を減らし、外出へのハードルを低くすることは、産後育児のメンタルの負担を軽くする手助けにもなる」との思いから、アプリの運営をしている。

子ども食堂（第 2 章）や本節で紹介した例はほんの一部であるが、行政サービスだけでは不足する部分を民間や官民協同の力で補い、子育て支援を行っているのである。

> 🗩 **ワーク 11-1　子育て支援事業について調べてみよう**
>
> ① 自分が住んでいる地域では、これまでみてきた事業がどのような名称で行われているか調べてみましょう。また、どこで行われているのか、場所なども調べてみましょう。
>
> ② 自分が住んでいる地域では、これらの事業についてどのようなかたちで広報されているでしょうか。自治体のホームページなどを調べてみましょう。
>
>
>
> 清和大学短期大学部こども学科所属学生の作品。「地域の子育て支援について調べよう」という課題に対して、壁新聞の形式で作成した。

3　地域子育て支援の課題と展望

今日、インターネットを含め子育てに関する様々な情報が発信されている。必要な情報が、子育て家庭に確実に届くよう、今後も多様な方法で発信されることが望ましい。またそうした情報発信が、子育てしやすい**地域づくり**につながっていくことが大切である。

親へのサポートが、子どもの健やかな成長につながるため、子どもや親の状況に応じた日常的なかかわりは重要である。特に保育者にとっては、専門的な知識や視点を職場のなかだけにとどめずに、地域で生活している子どもや家庭の生の姿にも目をむけて、関心を寄せることも大切である。その際に、相手の背景を理解し、多様な価値観を認め合う姿勢がポイントとなる。子育て家庭は多忙でなかなか時間がとれないことが多く、なかには他者とかかわることを苦手

とする人もいる。**双方向型のコミュニケーション**(*3)を軸にしつつ、相手の考えや行動を尊重し、相手の目線で考えることが、意義ある支援につながる。

「子育ては親育ち」といわれる。親子の育ちを支える地域子育て支援の意義は、親子が様々な問題への対処能力を身につけていくことだけでなく、その過程で世代や分野を超えた交流が生まれ、子育てしやすい地域づくりが進んでいくことにある。幼い子どもをもつ子育て家庭への支援は、ひとつの家庭だけをみれば永続的なものではないが、地域コミュニティを主体とし、地域を担う次世代育成の視点からみれば、大きく循環しているといえるのである。

キーワード

地域子ども・子育て支援事業　子育て支援センター　地域づくり

注・用語解説

1)　「ママパパマップ」開発者、株式会社コドモト代表取締役・村石健氏にメールにて回答いただいた内容に基づく。

*1〔地域の多様な社会資源〕例えばフォーマルな社会資源として、保健福祉センター、児童相談所、福祉事務所、児童発達支援センター、児童発達支援事業所、教育委員会、小学校、中学校、高等学校、など。インフォーマルな社会資源として、家族や親戚、友人、近隣住民、ボランティア、などがある（⇒第2章を参照）。

*2〔地域に開かれた子育て支援〕地域に開かれた子育て支援とは、地域の保護者が気軽に利用できる子育て支援施設やイベントなどを提供する取り組みをいう。例として、公園や公民館、役所などで行われる出前保育や、地域の子育て支援機関と連携した親子教室や子育て相談、交流会などの開催が挙げられる。

*3〔双方向型のコミュニケーション〕ソーシャルワークにおける双方向型のコミュニケーションとは、ソーシャルワーカーとクライエント、またはクライエントとその関係者間で必要な情報や感情を交換し合うコミュニケーション技法をいう。クライエントのニーズを理解し、適切な支援を提供するために不可欠とされている。

ブックガイド

一般社団法人全国保育士養成協議会監修、宮島清・山縣文治編集（2023）『ひと目でわかる保育者のための子ども家庭福祉データブック2024』中央法規 ▶ 保育や子ども家庭福祉に関連する制度やデータが図表化され、推移や現状が理解しやすいように工夫されている。解説も最小限度にとどめており、ポイントを絞って学ぶことができる。

渡辺顕一郎・橋本真紀編著、NPO法人子育てひろば全国連絡協議会編集（2023）『詳解 地域子育て支援拠点ガイドラインの手引（第4版）── 子ども家庭福祉の制度・実践をふまえて』中央法規 ▶ 子ども家庭福祉と子育て支援の理論と実践について広くまとめられたガイドライン。複雑で多様な子育て支援実践の実態把握を踏まえて、子育て支援の基本理念や理論を明確にし、支援内容の標準化と質的向上を目的に刊行された実用性のある書籍である。

（宗政　朱利）

本章のポイント

● 子ども家庭支援の今後の課題として、多様化する家族や役割分業、子育て環境の変化、家族関係について学ぶ。
● 子ども家庭支援の展望として、子育ての孤立を防ぐ支援、親になる支援、妊娠期からの継続した切れ目のない支援、ともに生き、ともに育つ支援を考える。

1　子ども家庭支援の課題

(1) 多様化する家族

　子育てをする家族には、色々なかたちがある。婚姻関係を基盤として夫婦となり、その間に生まれた子どもと暮らす家族が多いが、婚姻関係にあっても、様々な事情から親と子が離れて暮らす家族もいる。また、籍を入れず婚姻関係をもたずに子育てをする事実婚の家族、離婚や死別などによりひとり親で子育てする家族、離婚・再婚し、ステップ・ファミリーとなる家族もいる。生みの親と暮らすことのできない子どもと養子縁組をした家族や、里親となり一定期間子どもを育てる家族など、血縁関係をもたない家族もいる。

　また 2017 年には大阪市の男性カップルが里親に認定されたことが明らかになり、2018 年には東京都の里親制度の認定基準が緩和されるなど、単身者や同性カップルが里親になることも可能となっている。女性カップルが第三者の精子提供を受け、出産し、子育てをしている家族もおり、「(同性) パートナーシップ制度」を施行する自治体も増えてきた。

　現代社会では、LGBTQ⁺等の性的少数派の人々も、家族となり、子どもを育てている。価値観が多様化していくなかで、家族構成も同様に多様化しているといえる。家族とは、婚姻関係や血縁関係、同居の有無に限らず、精神的な結びつきや心の安らげる関係のなかで、助け合って暮らしていく人たちといえるだろう (⇒序章参照)。保育士は、どのような家族形態であろうと、様々な家族のありようを理解し、子どもが安心して暮らし、愛情に基づき育つよう支援していくことが大切である。

(2) 現代も残る性別役割分業の考え

　家族形態が多様化するなかで、家計を支えるための働き方や家事・育児はどのように変化してきたのだろうか。

　1990 年代に入り、バブル経済の崩壊後、日本の経済状況は停滞し、働く女性が急増した。内閣府による「令和 5 年版男女共同参画白書」によると、1980 年以降から共働き世帯は年々増加し 1997 年を境に専業主婦世帯より共働き世帯が増加し続けている。2022 年時点の共働き

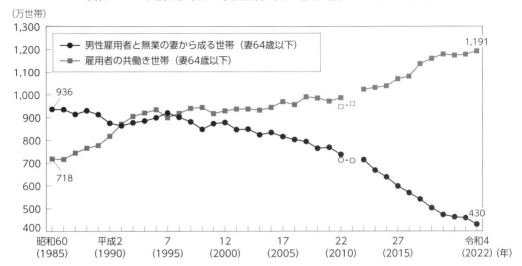

図表 12-1　共働き世帯数と専業主婦世帯数の推移（妻が 64 歳以下の世帯）

（備考）1. 昭和 60（1985）年から平成 13（2001）年までは総務庁「労働力調査特別調査」（各年 2 月）、平成 14（2002）年以降は総務省「労働力調査（詳細集計）」より作成。「労働力調査特別調査」と「労働力調査（詳細集計）」とでは、調査方法、調査月等が相違することから、時系列比較には注意を要する。
　　　　2. 「男性雇用者と無業の妻から成る世帯」とは、平成 29（2017）年までは、夫が非農林業雇用者で、妻が非就業者（非労働力人口及び完全失業者）かつ妻が 64 歳以下世帯。平成 30（2018）年以降は、就業状態の分類区分の変更に伴い、夫が非農林業雇用者で、妻が非就業者（非労働力人口及び失業者）かつ妻が 64 歳以下の世帯。
　　　　3. 「雇用者の共働き世帯」とは、夫婦ともに非農林業雇用者（非正規の職員・従業員を含む）かつ妻が 64 歳以下の世帯。
　　　　4. 平成 22（2010）年及び 23（2011）年の値（白抜き表示）は、岩手県、宮城県及び福島県を除く全国の結果。
　　　　5. 労働力調査では令和 4（2022）年 1 月分結果から算出の基礎となるベンチマーク人口を令和 2（2020）年国勢調査結果を基準とする推計人口に切り替えた。当グラフでは、過去数値について新基準切り替え以前の既公表値を使用している。
（出典）内閣府男女共同参画局（2023）「令和 5 年版 男女共同参画白書（概要版）」

世帯は、専業主婦世帯のおよそ 3 倍となっている（図表 12-1）。

　また、総務省における令和 3 年の社会生活基本調査「共働き世帯の 6 歳未満の子どもをもつ夫婦の家事関連時間」には、父親の家事関連時間は 1 時間 54 分であり、2016 年の前回調査と比較して 31 分増加しているとある。しかし、母親の家事関連時間は 7 時間 28 分とあり、共働き世帯が増加傾向であるにもかかわらず、夫婦の家事関連時間に大きな格差があることがわかる。諸外国と比べても、日本の男性の家事や育児に携わる時間は、先進国のなかでも短い（図表 12-2）。

　こうした調査の結果は、仕事をする母親が増え、共働きが多い現代でも、「男性（父親）が仕事、女性（母親）が家事・育児」という**性別役割分業**の考えが根強く残っていることを示している。働きながらひとりで担う家事・育児の負担は大きく、子育て家庭の母親が疲弊しやすい状況といえる。

　他方で、父親の働き方の影響も大きい。父親の**育児休業**取得率は 2022 年 17.13%（厚生労働省「令和 4 年度 雇用均等基本調査」）と、過去最高になったものの、依然として少ない状況がある。政府は 2010 年に「イクメンプロジェクト」を立ち上げ、父親の育児休業取得率アップや男性が育

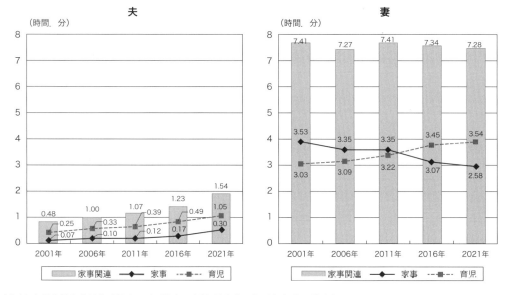

図表 12-2　6歳未満の子どもをもつ夫婦の育児・家事関連時間の推移

（出典）内閣府男女共同参画局（2023）「令和5年版 男女共同参画白書（概要版）」

児をしやすい社会をめざしているが、父親が育児に携わりたいと望んでも、上司・同僚の理解と、組織のしくみが整わなければ、その実現は難しい。家事・育児をする父親も増えているが、長時間労働の父親に頼れず、母親がひとりで育児をしている家庭（ワンオペ育児）も多い。

　今後も、女性が安心して出産、育児ができる環境が整わなければ、少子化の進行にも歯止めがかからないだろう。そのため、父親の家事・育児に対する取り組みや、育児休業を取得しやすい環境整備が必要である。各家庭のワーク・ライフ・バランス（仕事と生活の調和）の実現をめざし、就労時間、就労形態に配慮できる体制づくりをしていくことが課題である。

(3) 子育て環境の変化

　前項で述べたように、現代社会は、働きながら子育てをする家庭が増えている。いつの時代も、子育てに関する悩みや不安はそれぞれにあるだろうが、仕事をしながら家事・育児を行う現代の親たちは、どのように子育ての悩みと向き合っているのだろうか。

　子育ての悩みは、子どもの成長とともに様々なかたちとして表われ、初めて育児をする親にとっては、試行錯誤の連続である（⇒第10章図表10-1も参照）。たとえば、なかなか泣きやまない小さなわが子を目の前に、なぜ泣いているのか、何が嫌なのかをよく見て、感じて、色々試して、「ああ、これが嫌だったのか」とわかると、ホッとして……ということをくり返すうちに、段々と子どものことがわかってくる。

　かつて子育ては、拡大家族のなかで行われていた。祖父母や親族、近隣の人々といった親以外の複数の大人が出産・育児に携わり、様々な育児方法を継承し、相談し合いながらともに担う環境があった。そのため、子育ての悩みを複数の大人で共有し、育児経験者の祖父母から実

体験を聴くこともできた。また、きょうだいも多かったことから、自分より小さな親戚や近隣の子どもの世話をする機会もあり、暮らしのなかで自然と育児を身につけていく機会をもてた。

　しかし、少子化で核家族が主流の現代の子育て環境では、育児経験の機会も少なく、遠方に住むなどの理由で、祖父母や親族に子育ての協力を得ることが難しい家庭も多い。毎日の育児のなかで、ちょっとした悩みや大変さを誰かに聴いてほしくても、それがかなわない現実がある。保育士などの子育ての専門家に改まって相談するほど深刻な悩みではなくても、毎日の育児の苦悩が少しずつ積み重なり、さらに父親の協力が得にくい場合、母親はひとりで悩みを抱えてしまうことになる。

　また今日では、ミルクを飲まない、体重が増えない、寝返りをしないなどといった子育てから生じる様々な悩みへの回答を、インターネットで検索できる時代になり、一見便利なようにもみえる。しかしそれらの情報は、実際に当の家族とかかわっていない第三者の経験談や、子育ての一般論などであることから、参考になったとしても解決に至らないことがある。逆に情報量の多さから、悩みを深めてしまうおそれもあるだろう。

　重要なのはやはり、実際に悩める親子に会い、話を聴いて、親を受けとめ、理解し、話し合うといった直接的なかかわりである。もちろん保育士が直接的なかかわりを通して家庭をサポートすることも可能であるが、限られた保育時間のなかで、すべての親の想いを受けとめていくには限界がある。子どもを育てることは、家庭内だけにとどまるものではなく、また、保育所や子ども園といった機関だけに頼るものでもない。ともに子育てするための仲間づくりや、職場の理解、子育て家庭を見守る環境づくりが不可欠であり、地域社会のなかで、みんなで行っていくという意識や取り組みが必要である。

(4) 動いている家族関係

　子育て環境が変化しているなかで、保育士は家族をどうとらえ、支援していくことが求められているのだろうか。次に、家族関係に注目して考えてみたい。

　家族関係は固定したものではなく、その時々で変容していく。夫婦は子どもを育てていくなかで、父親と母親といった役目を担い、親子関係を築いていく。また、夫婦の両親（舅・姑）は、生まれた子どもにとって祖父、祖母になり、孫と祖父母の関係も生まれる。きょうだいが誕生すればきょうだい関係も加わり、家族のかかわりは増していく。

　注目してほしいのは、子どもが生まれることによって、それまでの夫婦関係や親子関係のありようが明らかになり、互いに確認したり見直したりする機会ともなることである。そうした家族関係をどう生きていくかで「家庭」は変化していくのであり、その時々の家族関係のありようが「家庭」の状況に表われるといえる。

　たとえば、夫婦関係の悪化から別居や離婚を選択する家庭もあるし、疎遠になっていた両親（舅・姑）が子育てに協力し、連絡を取り合うようになることもある。家族関係は暮らしのなかで変化し続けているといえる。こうした動きのある家族関係に対して、保育士はどのようにかかわっていくことができるのだろうか。

2012年に成立した子ども・子育て支援法は、その基本理念として、「子ども・子育て支援は、父母その他の保護者が子育てについての第一義的責任を有するという基本的認識の下に、家庭、学校、地域、職域その他の社会のあらゆる分野における全ての構成員が、各々の役割を果たすとともに、相互に協力して行われなければならない」と規定している。子育ての最も重要な責任が父・母といった保護者にあるとしながら、社会のあらゆる分野の人々が互いに協力し、子育て支援を社会全体で行うことを強調している。

　また、保育所保育指針の第4章「子育て支援」では、「保護者に対する子育て支援を行う際には、各地域や家庭の実態等を踏まえるとともに、保護者の気持ちを受け止め、相互の信頼関係を基本に、保護者の自己決定を尊重すること」が示されている。ここで示されている「各地域の実態」とは、近隣住民とのかかわりの有無や、子育て家庭同士の交流があるかなどであり、「家庭の実態」とは、家族形態や子育て状況、また祖父母の協力は得られるのか、といったその時々の家族関係のありようをさしている。それぞれの地域の近隣住民との交流や、家族関係のありようをふまえ、保育士は、保護者一人ひとりの気持ちを受容し、相互に信頼し合う関係になっていくことが求められており、その関係のなかで、「自己決定を尊重する」支援の役割があるといえる。

　上記の実践は簡単ではない。なぜなら、信頼関係はどちらか一方がつくろうと思ってつくれるものではないからである。また、「自己決定を尊重する」ためには、各家庭の家族関係、子育てに対する想いを聴き、保護者自身を理解することが不可欠である。そのため、日々の保護者や子どもとのかかわりにおいて、相手の世界を、見て、聴いて、触れて、感じ、語り合える関係になっていくことが求められている。まさに「今、ここで」の気持ちを伝え合う関係から信頼は生まれるのである。必ず信頼が生まれるという保障はないが、「先がわからないことをやっていくことが信頼」（佐藤, 2001：62-63）であり、保育士が誠実に保護者とかかわる姿勢や態度、プロセスそのものが子育て支援といえる。

2　子ども家庭支援の展望

(1) 家庭支援

　日本における子ども家庭福祉は、これまで「児童福祉」とよばれ、すべての子どもの健全育成を図ることを理念としてきた。しかし実際には、戦災孤児や要保護児童といった保護が必要な子どもを保護し、保護者に代わって養育することを中心として発展してきたといえる。

　近年では、「子どもを直接のサービス対象とする児童福祉の視点を超え、子どもが生活し成長する基盤となる家庭をも福祉サービスの対象として認識していこうとする考え方」（柏女, 2022：3）から、子ども家庭福祉という、家庭を含めた支援が強調されるようになった。それは、Welfare（保護）からWell-being（自己実現）の視点に立ち、家庭から子どもだけを切り離して保護するのでなく、子どもの生活の基盤となる家庭を地域社会で支えていくことをめざしているためである。子どもの家庭を支援する制度や政策も様々に広まってきているが、では実際に、

子育て家庭は地域社会で支えられているだろうか。以下に、筆者の知るある母親が経験した
いくつかの出来事を紹介する。

事例12-1　親たちの想い

①　スーパーで買い物中、子どもがお菓子につられて店内を走ってしまい、注意をしようとした
とき、「こんなところに子連れで来て、公園じゃないんだ！　危ないじゃないか！」と他の客から
怒鳴られた。子どもが走ったことは悪かったと思うが、いきなり怒鳴られたことで注目を浴び、
ショックで肩身が狭かった。結局、買い物もできず、泣く子どもを抱えて、帰宅した。2歳の子
どもをひとりで留守番させろというのでしょうか。（2歳男児の母）

②　電車に乗ったとき、ベビーカーで寝ていた子どもが起きてしまい、泣いたため、抱き上げる
と「抱っこするなら、（ベビーカーが）邪魔だから早く畳んで」と言われた。しかし、泣いている
子どもを抱いたまま、オムツやミルクの入ったカバンを持ち、ベビーカーを畳むことは難しく、
仕方なく途中で下車した。もう電車で実家には帰れないと思った。（1歳女児の母）

こうした親たちの想いは、地域社会に届いているだろうか。暮らしのなかにある、人々の目
や理解のない言葉によって、親の気持ちは傷つき、無力感に襲われ、結果として子育て家庭を
孤立させてしまうこともある。本当の意味で家庭を支援していくには、保育士などの子育ての
専門家の支援や、子育て支援の制度政策を充実させるだけでなく、地域で生活をするわたした
ち一人ひとりの、子どもの育つ家庭そのものに対する理解や思いやりが不可欠である。

(2) 子育ての孤立を予防する支援

子育て家庭を地域社会で支えることについて、次の事例から具体的に考えてみたい。

事例12-2　近隣住民の理解

A子（10か月）の母親は、ぐずるA子を抱っこして、気晴らしに散歩しようと外へ出た。する
と隣に住むCさん（75歳女性）が、「元気に泣く声もかわいいわね」と話しかけた。母親が、「す
みません。昨夜もなかなか泣きやまなくて、うるさくなかったですか？」と聞くと、「謝らなくて
いいのよ。わたしは全然気にならない。子どもを育てているんだもの、泣き声が聞こえない方が
不自然で、心配になっちゃうわ」と言い、続けて「それより、ママはちゃんと眠れてる？」と聞
いた。

Cさんの優しい言葉に、母親は「実は、昨夜もグズグズ泣いて、
オムツを替えたり、抱っこをしたり、ミルクをあげたりと試行錯
誤していたんです。そのとき、遅く帰宅したパパが『なんで泣い
てるの？』とわたしに聞いてきて。なんだか頭にきちゃって『わ
たしだってわかんないわよ！』と、怒鳴ってしまったんです」と
打ち明けた。Cさんは、「うちも、そんなことあったなぁ。男親
って、母親なら子どものこと何でもわかると思っているのよね。
わからないときだってあるわよね。母親だって色々試してわかっ
ていくのに、一緒にわかろうとしてくれないと、頭にきちゃうわ

よねぇ」と言った。母親は、「そっかぁ、わたし、なんで頭にきたのか自覚してなかったんですが、パパがわかろうとしないことに腹が立ったんだ」と言って笑った。そして、育児で家事が進まないことや、育休明けの保育所が未定なこと、義両親は介護中で、両親は遠方に住むために頼れず不安なこと、パパが育児に非協力的に思えることなどを話し、Cさんは一通り話を聴いた。

　立ち話をしている間にA子は眠り、Cさんは「寝ぐずりだったのかな。寝てる顔もかわいいね」と言った。母親は驚いたように「寝ぐずりっていうんですか?」と聞き、「そう。眠いのにうまく眠れないの。うちの子もそうだったのよ」と言った。「色々教えてくださり、ありがとうございます。お話しして、私ひとりで頑張ってきて、余裕がないんだと気がつきました。このままでは仕事復帰も不安だし、そういう気持ちを今夜パパに話してみます」と言った。Cさんは「そうね、夫婦で協力してね。それでも大変なときは、遠慮なく声かけてね。こんなおばあちゃんでも何かお役に立てたら嬉しいわ」と、ほほ笑んだ。母親は眠ったA子を優しく撫でながら、「心強いです!ありがとうございます」と、明るい表情で答えた。

　Cさんが子育てをする母親を気遣い、理解する姿勢があったことから、母親は自分の気持ちを話すことができた。そして、Cさんの体験談から、なぜ父親に頭にきたのかを明確にすることもできた。父親も、何気なく「何で泣いてるの?」と聞いたことが、そこまで母親を怒らせるとは思いもしなかっただろう。しかし、母親からすると、まるで父親が育児を丸投げしているように感じられ、頭にきたのだった。

　保育所入所が未定なこと、頼れる人がいない不安を言葉にしても、すぐに解決できるわけではない。しかし、毎日の育児のなかで起きる、ちょっとした悩みや大変さを話せたり、共有することで、気持ちが晴れることがある。事例の母親は、Cさんに話していくうちに、ひとりで育児を頑張り、余裕がないことを自覚したことから、父親に気持ちを伝えてみようと思えた。それは、夫婦関係を見直すことにもつながる。また、CさんがA子の泣き声も寝顔もかわいいと伝えたことは、母親の励みになっただろう。子どものかわいさや子育ての大変さを共感し、理解してくれる人がいるということは、とても大きな支えになる。近隣住民の理解だけでなく、たとえば親同士でママ友・パパ友などをつくり、子育てを協力し合うことも、互いの精神的負担の軽減になるといえる。

　地域のなかで、子育て家庭を理解し応援する姿勢や、ママ友達で協力し合うといったインフォーマルなかかわり（⇒第2章、第3章参照）は、**子育ての孤立を予防**し、育児不安の解消や虐待防止にもつながる。よって、今後も子育て家庭を対象としたイベントや行事などを通し、インフォーマルなかかわりを増やすとともに、地域で互いに助け合っていける関係づくりが必要である。

(3) 親になる支援

　子育て家庭を支える環境や関係づくりの重要性をこれまで述べてきたが、同時に親自身が親になる準備や心構えも不可欠である。そこで次に、親になるということについて考えてみたい。

　子どもを授かり、育児をすることは、親の生活を激変させる。お腹の赤ちゃんを気遣う生活

と、命がけの出産を終えても、夜中の授乳やオムツ交換、夜泣きなどがあり、それまでの夫婦のみで営まれていた生活が大きく変わっていく。

　この変化を、母親は、妊娠期からつわりや徐々に大きくなる自身のお腹とともに、身体を通して体験していく。しかし、身体的な変化はなく、相対的に育児時間の少ない父親は、母親ほど大きな変化を実感する機会が少ない。育児休業もとりにくく、長時間労働を強いられている父親は、必然的に子どもと過ごす時間が限られ、子どもとの親子関係を築く機会が母親より少なくなる。そのため、産科では、妊婦健診に父親の同席を促したり、両親学級、立ち合い出産を勧めるなど、出産前からの父親育成を行っている。最近では、保育所送迎をする父親や、行事に積極的に参加する父親の姿が見られるようになってきたが、平日の子どものことはすべて母親が担当し、父親が保育所にまったくかかわらないという家庭もある。父親が主体的に育児をしていくために、「父親になっていく機会」を提供することは、家庭支援の大切な役割のひとつではないだろうか。次の事例から考えてみたい。

■ 事例12-3　主体的になっていった父親

　3兄弟の末っ子のK君（2歳）は、乾燥肌。汗をかくとすぐに湿疹が出て掻きむしるため、病院からは、清潔にしこまめに保湿するように言われ、保湿クリームが処方されていた。母親は清潔を心がけ、毎朝保湿クリームを塗って登園させ、保育所にも処方された保湿クリームを塗るようお願いしていた。ある日、母親が、「今朝は、忙しくてKの保湿ができなかったので、かゆがるかもしれません。あと今日は、お迎えはパパです」と伝えた。仕事も立て込み、忙しそうな母親の様子から、保育士は「3兄弟育児、忙しいですね。クリーム塗っておきますから、安心してくださいね。いってらっしゃい！」と母親を見送った。

　父親がK君を迎えに来たとき、保育士は「おかえりなさい。K君、掻きむしりしなかったですよ。クリームも塗りました。ママが心配していたのでお伝えくださいね」と声をかけた。父親は「はい。Kの肌ケア担当は妻なので」と答えた。保育士は、父親の「妻がやるので自分には関係ない」という態度が気になり、「パパが塗ってあげると、ママもKちゃんも喜ぶと思いますよ」と優しく言った。すると父親は、ハッとしたような表情で「あぁ！そうですね。やってみます」と言い、K君を連れて帰った。

　1週間後、母親は、「先生、最近パパが毎朝Kの保湿クリーム、塗るようになったんです。そうしたら、『背中は綺麗になってきた』、とか、『ここはまだ、（肌が）ザラザラしてる』とか、Kの肌のことがちゃんとわかるようになってきたんです。Kも、パパに塗ってほしいと指名するので、パパも嬉しそうです」と穏やかな表情で話した。保育士は、「よかったですね。二人のお子さんだものね。一緒に子育てできるのが一番ですよね」と答えた。

この事例では、父親にとって育児の日々の細かなケアは母親がやることになっていて、保育士に指摘されるまでそこに何の疑問ももっていなかったことがわかる。保育所送迎など母親に頼まれたことや、自分ができることはしているつもりであったが、あくまでも「育児を手伝う」という姿勢で携わっていたのである。その背景には、自分から夫に言い出せないという母親の課題を含めて、これまでの夫婦関係のありようが潜んでいることがわかる。父親が保育士の言葉を受けとめ、「保湿クリームを塗る」という行動に移せたことで、これまで母親が細かなケアをすることが当然になっていた夫婦関係が明らかになり、父親とともに子どもをケアしていく関係に変わっていった。父親が自身の手でK君の肌に触れ、感じ、K君の状態を理解したことや、パパからのケアを喜ぶK君を見て、母親も夫婦でともに子育てしていく関係に喜びを見出せた。

　この事例から、育児の主体性は日々の暮らしの親子のかかわりのなかで発揮されること、その親子関係を生きるなかで親らしくなっていくことがわかる。田辺（2017）は、「実際に子どもと関わることを通して親意識の変容や親としての自己の確立が促される」とし、保育士が子どもの成長との密接な関連のなかで父親にアプローチし、その時期の父親の特徴を理解することで、「『今このとき』の父親に応じた支援が可能」（田辺, 2017：56）となると説明している。

　保育所や子育て支援センターでは、普段育児に携われない父親を対象に、休日に父親参加のイベントを開催している。もちろん、イベントのときのみ父親になるわけではなく、日々の暮らしのなかに父親の役目はあるのだが、「育児を手伝う」状態の父親にとっては、まずは父親同士の交流などが、様々な家庭の状況を知る機会になる。他の親子・夫婦関係にふれることなどを通して、父親が自分の家庭や親子関係をとらえ直し、主体的に親子関係を生きるきっかけになることから、今後も有効に活用していくことが期待される。

　一方で、保育現場では「ママの集まり」と称する集会や、保護者宛の手紙も「お母様へのお願い」と表記している場合がある。確かに現代の子育て家庭の多くが、母親中心となって育児を行っている現状にあるが、この表現のなかに父親の存在はない。子育て支援を行う保育士の側が、「子育ては母親の役目」という意識のままであっては、保育所は父親にとって自分の出番がない場所になってしまうし、父親という役目を主体的に担うことができなくなってしまう。

　また、保育士が使う日々の言葉や態度、姿勢には、保育士自身の性格や想いが表れるため、無自覚のうちに、保育士が望む親の役割を押しつけることにもなりかねない。保育士は「親になる支援」を行う立場として、「親」の役割を明確にすることや、また保育士自身の家庭観、子育て観をはっきりと自覚しておくことが求められる。自分の価値観を押しつけることなく、親の支援を考えていくことが必要である。

(4) 切れ目のない支援──ともに生き、ともに育つ支援

　親になる支援について述べてきたが、最近では、妊娠期からのサポートも強化されている。こども家庭庁では、「健やか親子21」や「成育基本法」（成育過程にある者及びその保護者並びに妊産婦に対し必要な成育医療等を切れ目なく提供するための施策の総合的な推進に関する法律）を通

して、妊娠期からの**切れ目のない支援**を推進している。実際、子どもが生まれる前の妊娠期、母子健康手帳を渡す際に、保健師が面接を行うことが一般化してきた。面接を通し、手帳の使い方や、健診・両親学級などの情報・妊娠・出産にまつわる基礎知識、子育てに関する地域情報などを伝えると同時に、妊婦の様子や状況を直接把握できるようになった。この面接で気がかりな点が把握された場合（若年妊婦や未婚の妊婦、望まない妊娠であることや妊婦自身が抱える問題など）、ハイリスク要因を抱える家庭として、妊娠中から産後も継続的に見守り、医療機関等の連携、支援につなぐことが可能になる。現在、子ども虐待の中でも0歳児の虐待死亡率は最も高く、加害者は相談できないまま出産した実母が多いことから、出産前に面接をし、子どもが育つ家庭環境を把握することは、まさに切れ目のない支援のスタートといえる。

　また、面接を通じて父親になる男性に向けた両親学級などのセミナー参加をうながし、妊婦体験や沐浴指導等を受けることは、妊娠中・出産後の女性への理解につながり、パートナーとしての役割を学ぶ機会になる。セミナーを通じ同じ地域に住む、妊娠周期の近い者同士が参加することで、近所の話題、出産の不安や体調管理、子どもの成長に関する悩みなどを共有することは、孤立を防ぎ、子育て仲間づくりの機会にもなる。こうした機会は、お腹の胎児とともに、親として生き、育つための支援になる。

　しかしながら、現状としては上記のような社会資源がうまく活用できない場合や、地域によって子育て支援体制の差が大きい。子育て家庭の悩みは、子どもが保育所から小学校、中学校、高校へ進学し成長するにつれ、その時々で変わっていくものであり、ヤングケアラーのように、子ども自身が家庭の悩みを抱えるケースもある。そのため、子育てにまつわるあらゆる専門職が「今、ここで」の気持ちを伝えあう誠実な姿勢や態度で、子どもや家庭にかかわっていくことが求められる。出産前からの切れ目のない支援を行うためには、乳幼児期の保育所入所の際も、何か危惧するような事項がある場合は保健師が保育士へと妊娠期からの家庭状況を引き継ぎ、幼児期から学童期にかけても同様に、保育所から小学校へ、また放課後児童クラブとも連携をしていけることが望ましい。そして、その連携を中学校、高校へとつなぎ、思春期まで継続していくことで、本当の意味での、切れ目のない子ども家庭支援になっていくといえるだろう。

　子どもの育ちは、親の一方的な子どもに対する働きかけではなく、互いのかかわりのなかで、ともに実現していくことである。それは、親と子の「関係の成長であり、発達」（足立, 1997：48）といえる。親と子が様々な経験を通し、「**ともに生き、ともに育つこと**」であり、親も子どもも、そして子育てにかかわる保育士等の専門職もまた、ともに育っていくプロセスを生きている。この関係を生きるためには、子どもと親を孤立させず、家族とともに、地域社会とともに子育てしていくことが必要である。また、2020年から流行した新型コロナウイルス感染症のように、今後もいつ自然災害や感染症の流行があるかはわからない。こども家庭庁は伴走型相談支援を活用した妊娠期からの子育て支援を推進し、子育て家庭に寄りそう姿勢を掲げている。そのためには、子育て家庭や子どもの育ちを他人事とせず、地域社会で生きる一人ひとりが自分の問題としてとらえ、どのように向き合うかという姿勢（自律）が、ともに生きる社会

のめざすところである。

キーワード

家族の多様化　性別役割分業　育児休業　子育て環境　家族関係　家庭支援　家族関係の支援
子育ての孤立の予防　親になる支援　切れ目のない支援　ともに生き、ともに育つ

ブックガイド

ヨシタケシンスケ（2017）『ヨチヨチ父──とまどう日々』赤ちゃんとママ社▶父親が親になっていくプロセスや、子育てを通して変化した妻との関係をイラストで紹介している。飾らない子育ての毎日の様子が、楽しく、わかりやすく表現されている。父親と母親の違いに注目して読んでみてほしい。

佐藤俊一（2011）『ケアを生み出す力──傾聴から対話的関係へ』川島書店▶対人援助を実践する専門職（ソーシャルワーカー、カウンセラー、介護職、看護職、保育者等）に、ケアの基礎となる課題として「人とかかわる基本的な態度」を問いかける本。傾聴や受容が重要とされる意味を、根本から考える視点で書かれている。

こども家庭庁ホームページ（cfa.go.jp）　▶こどもや子育て中の人にとって、どんなサービスがあるのか、こども用、大人用に分けて説明している。地域社会、企業など様々な場で、年齢、性別を問わず、社会全体で子育て家庭を応援するための意識改革を後押ししている。

オレンジリボン運動ホームページ（orangeribbon.jp）　▶子ども虐待防止のための市民活動。子ども虐待をなくすために、具体的にどんなことが取り組まれているのか、子ども虐待の現状を理解しよう。

（田中　賀奈子）

引用・参考文献

序　章

石井哲夫・岡田正章・増田まゆみ他（2000）『〈平成 11 年改訂〉対応保育所保育指針解説』フレーベル館
柏女霊峰監，全国保育士会編（2018）『全国保育士会倫理綱領ガイドブック（改訂 2 版）』全国社会福祉協議会
亀﨑美沙子（2013）「保育所における保護者支援の歴史的展開」『保育士養成研究』第 31 号，pp.11-19
喜多明人・森田明美・広沢昭・荒巻重人（2009）『［逐条解説］子どもの権利条約』日本評論社
厚生労働省（2023a）「2022（令和 4）年　国民生活基礎調査の概況」
　　https://www.mhlw.go.jp/toukei/saikin/hw/k-tyosa/k-tyosa22/index.html（2024.2.22 閲覧）
厚生労働省（2023b）「令和 4 年度　児童相談所における児童虐待相談対応件数（速報値）」「児童相談所における
　　児童虐待相談対応件数とその推移」
　　https://www.cfa.go.jp/assets/contents/node/basic_page/field_ref_resources/a176de99-390e-4065-a7fb-
　　fe569ab2450c/12d7a89f/20230401_policies_jidougyakutai_19.pdf（2024.2.22 閲覧）
厚生労働省（2020）「児童養護施設入所児童等調査の結果（平成 30 年）」
　　https://www.mhlw.go.jp/stf/newpage_09231.html（2024.2.22 閲覧）
才村純・芝野松次郎ほか編著（2019）『子ども家庭福祉専門職のための子育て支援入門』ミネルヴァ書房
新村出編（2018）『広辞苑 第七版』岩波書店
髙橋真由美（2015）「保育所における保護者支援研究の現代的課題」『藤女子大学 QOL 研究所紀要』Vol.10,
　　pp.141-146
豊島よし江（2016）「江戸時代後期の堕胎・間引きについての実情と子ども観（生命観）」『了徳寺大学研究紀要』
　　10 号，pp.77-86
内閣府（2023）「国民生活に関する世論調査（令和 4 年 10 月調査）」
　　https://survey.gov-online.go.jp/r04/r04-life/index.html（2024.2.22 閲覧）
日本保育ソーシャルワーク学会監修（2018）『保育ソーシャルワークの制度と政策』晃洋書房
野々山久也編（2009）『論点ハンドブック　家族社会学』世界思想社
藤野敦子（2011）「日本の児童労働──歴史に見る児童労働の経済メカニズム」『児童労働根絶に向けた多面的ア
　　プローチ：中間報告』調査研究報告書，アジア経済研究所，pp.34-55
松村明監修（2012）『大辞泉 第二版』小学館
元木久男・山西裕美（2009）「家族変動と保育改革の動向」『九州保健福祉大学研究紀要』第 10 号，pp.99-110
森岡清美・望月嵩（1997）『新しい家族社会学』培風館

第 1 章

猪熊弘子（2014）『「子育て」という政治──少子化なのになぜ待機児童が生まれるのか？』角川 SSC 新書
柏女霊峰（2014）「社会保障制度改革と子ども・子育て支援新制度」『月刊福祉』2014 年 2 月号，pp.23-26，全国
　　社会福祉協議会
こども家庭庁（2023）「参考資料集」
　　https://www.cfa.go.jp/assets/contents/node/basic_page/field_ref_resources/81755c56-2756-427b-a0a6-
　　919a8ef07fb5/18e3aa55/20230402_policies_03.pdf（2024.2.22 閲覧）
内閣府（2022）『令和 4 年版 少子化社会対策白書』https://www8.cao.go.jp/shoushi/shoushika/whitepaper/
　　measures/w-2022/r04pdfhonpen/r04honpen.html　（2024.2.22 閲覧）
内閣官房子ども・子育て本部「令和 5 年度における子ども・子育て支援新制度に関する予算案の状況について」
　　（第 64 回「子ども・子育て会議」資料）
　　https://www8.cao.go.jp/shoushi/shinseido/meeting/kodomo_kosodate/k_64/index.html（2023.8.30 閲覧）
こども家庭庁「令和 5 年 度当初予算案のポイント」https://www.cas.go.jp/jp/seisaku/kodomo_seisaku_suish
　　in/kodomo_seisaku_kyougi/sankou3.pdf（2024.2.27 閲覧）
中山徹・藤井伸生・田川英信・高橋光幸（2014）『保育新制度　子どもを守る自治体の責任』自治体研究社
平川則男（2014）「子ども・子育て支援の社会化に向けた検討──関連三法と制度の課題」『生活協同組合研究』
　　Vol.458，pp.19-27，生活総合研究所

平和政策研究所（2017）「少子化対策に代わる『家族政策』の提言」No.12，pp.1-16

無藤隆・北野幸子・矢藤誠慈郎（2014）『認定こども園の時代——子どもの未来のための新制度理解とこれからの戦略48』ひかりのくに

前田正子（2014）『みんなでつくる子ども・子育て支援新制度——子育てしやすい社会をめざして』ミネルヴァ書房

吉田正幸（2013）「子ども・子育て支援の歩みと新制度の意義や課題」『連合総研レポート』No.279，pp.4-7，連合総合生活開発研究所

第2章

秋田喜代美・馬場耕一郎監修（2019）『保育士等キャリアアップテキスト6　保護者支援・子育て支援』中央法規出版

小野達也（2013）「社会資源」山縣文治・柏女霊峰編『社会福祉用語辞典（第9版）』，p.153

久保田茂樹・小田豊編（2018）『障害児保育——障害のある子どもから考える教育・保育』光生館

倉石哲也・伊藤嘉余子監修，倉石哲也・鶴宏史編著（2019）『保育ソーシャルワーク』ミネルヴァ書房

厚生労働省（2015）「利用者支援事業ガイドライン」
　　https://www.cfa.go.jp/assets/contents/node/basic_page/field_ref_resources/8cc21a43-5649-465d-8ee6-e1474a77d031/b9224f45/20230401_policies_kosodateshien_riyousya-shien_03.pdf（2024.2.22閲覧）

厚生労働省（2024）「令和4年度　福祉行政報告例」

こども家庭庁（2023）「令和5年度　全国児童福祉主管課長・児童相談所長会議資料」
　　https://www.cfa.go.jp/councils/jisou-kaigi/r05/（2024.2.22閲覧）

全国子ども食堂支援センターむすびえ（2022）「全国箇所数調査2022年版」

東京都保健福祉局ホームページ
　　https://www.fukushihoken.metro.tokyo.lg.jp/kodomo/hitorioya_shien/keizai/boshi.html（2019.8.30閲覧）

東京マザーズハローワークホームページ
　　https://jsite.mhlw.go.jp/tokyo-mother/facilities.html（2019.8.30閲覧）

内閣府男女共同参画局ホームページ
　　http://www.gender.go.jp/policy/no_violence/e-vaw/law/23.html（2019.8.30閲覧）

西村重稀・青井有貴（2020）『子育て支援』中央法規出版

日本地域福祉学会編（2006）『新版 地域福祉辞典』中央法規出版，p.420

第3章

秋田喜代美・馬場耕一郎監修（2020）『保育士等キャリアアップ研修テキスト6　保護者支援・子育て支援（第2版）』中央法規

厚生労働省（2018）『保育所保育指針解説』フレーベル館

庄司順一・鈴木力・宮島清（2014）『子ども家庭支援とソーシャルワーク』福村出版

西村重稀・青井有貴（2019）『子育て支援』中央法規

日本保育学会編（2016）『保育講座5　保育を支えるネットワーク——支援と連携』東京大学出版会

松原康雄・村田典子・南野奈津子（2019）『新基本保育シリーズ5　子ども家庭支援論』中央法規

第4章

厚生労働省（2018）『保育所保育指針解説』フレーベル館

第5章

今井和子（2009）『保育を変える記録の書き方 評価のしかた』ひとなる書房

鯨岡峻・鯨岡和子（2007）『保育のためのエピソード記述入門』ミネルヴァ書房

厚生労働省（2018）「保育所保育指針解説　平成30年2月」
　　https://www.ans.co.jp/u/okinawa/cgi-bin/img_News/151-1.pdf（2019.8.30閲覧）

内閣府・文部科学省・厚生労働省（2017）「幼保連携型認定こども園教育・保育要領」
　　https://www8.cao.go.jp/shoushi/kodomoen/pdf/kokujibun.pdf（2019.8.30閲覧）

内閣府・文部科学省・厚生労働省 (2018)「幼保連携型認定こども園教育・保育要領解説」
　　https://www8.cao.go.jp/shoushi/kodomoen/pdf/youryou_kaisetsu.pdf （2019.8.30 閲覧）
文部科学省 (2017)「幼稚園教育要領」https://www.mext.go.jp/content/1384661_3_2.pdf
文部科学省 (2018)「幼稚園教育要領解説」https://www.mext.go.jp/content/1384661_3_3.pdf

第 7 章
厚生労働省 (2022)「令和 3 年度 全国ひとり親世帯等調査」
　　https://www.cfa.go.jp/assets/contents/node/basic_page/field_ref_resources/f1dc19f2-79dc-49bf-a774-
　　21607026a21d/9ff012a5/20230725_councils_shingikai_hinkon_hitorioya_6TseCaln_05.pdf （2024.2.22 閲覧）
厚生労働省 (2023)「令和 4 年 国民生活基礎調査」（2023 年 7 月 4 日公表）
厚生労働省 (2018)『保育所保育指針解説』フレーベル館
厚生労働省 (2018)「平成 29 年度 母子家庭の母及び父子家庭の父の自立支援施策の実施状況」（平成 30 年 12 月
　　25 日公表）
最新保育士養成講座総括編纂委員会編 (2019)『最新 保育士養成講座 第 10 巻　子ども家庭支援──家庭支援と
　　子育て支援』全国社会福祉協議会
全国保育士会 (2017)「保育士・保育教諭として、子どもの貧困問題を考える」
　　https://www.z-hoikushikai.com/download.php?new_arrival_document_id=54 （2024.2.22 閲覧）
総務省 (2017)「平成 27 年度 国勢調査」（平成 29 年 9 月 27 日公表）

第 8 章
厚生労働省 (2018)「障害者自立支援法等の一部を改正する法律案の概要」
　　https://www.mhlw.go.jp/content/12200000/000360879.pdf （2023.10.15 閲覧）
厚生労働省 (2023)「R4　調査結果等（概要）」https://warp.da.ndl.go.jp/collections/info:ndljp/pid/12884654/www.
　　mhlw.go.jp/content/11900000/R4gaiyo.pdf （2024.2.28 閲覧）
厚生労働省社会・援護局障害保健福祉部 (2018)「平成 28 年 生活のしづらさなどに関する調査（全国在宅障害児・
　　者等実態調査）結果」https://www.mhlw.go.jp/toukei/list/dl/seikatsu_chousa_c_h28.pdf （2023.10.15 閲覧）
厚生労働省社会・援護局障害保健福祉部 (2021)「第 1 回 障害児通所支援の在り方に関する検討会【資料 3】障
　　害児通所支援の現状等について」
　　https://www.mhlw.go.jp/content/12401000/000791880.pdf （2023.10.15 閲覧）
国立障害者リハビリテーションセンター　発達障害情報・支援センター「気づきのポイント」
　　http://www.rehab.go.jp/ddis/aware/nursery/child/ （2023.11.5 閲覧）
国立障害者リハビリテーションセンター　発達障害情報・支援センター「発達障害とは」
　　http://www.rehab.go.jp/ddis/understand/whatsdd/ （2023.11.5 閲覧）
小橋明子監著，木脇奈智子編著，小橋拓真・川口めぐみ著 (2020)『子育て支援』中山書店，p.107, 109
内閣府 (2023)『令和 5 年版 障害者白書』勝美印刷，p.70

第 9 章
金子恵美・編集代表 (2019)『児童福祉司研修テキスト』明石書店
厚生労働省 (2013)「子ども虐待対応の手引き（平成 25 年 8 月改正版）」
　　https://www.mhlw.go.jp/seisakunitsuite/bunya/kodomo/kodomo_kosodate/dv/130823-01.html
　　（2024.3.11 閲覧）
厚生労働省 (2020)「児童養護施設入所児童等調査の結果（平成 30 年 2 月 1 日現在）」
　　https://www.mhlw.go.jp/stf/newpage_09231.html （2024.3.11 閲覧）
厚生労働省「夜間養護等（トワイライトステイ）事業」
　　https://www.mhlw.go.jp/wp/hakusyo/boshi/06/dl/06.pdf （2024.3.11 閲覧）
こども家庭庁「令和 4 年度 児童相談所での児童虐待対応相談件数〈速報値〉」『読売新聞』2023 年 9 月 7 日付
こども家庭庁「児童相談所一覧」https://www.cfa.go.jp/policies/jidougyakutai/jisou-ichiran/ （2024.3.11 閲覧）
こども家庭庁「社会的養育の推進に向けて」
　　https://www.cfa.go.jp/assets/contents/node/basic_page/field_ref_resources/8aba23f3-abb8-4f95-8202-

f0fd487fbe16/e979bd1e/20230401_policies_shakaiteki-yougo_67.pdf（2024.3.11 閲覧）

埼玉県・埼玉県教育委員会「教職員・保育従事者のための児童虐待対応マニュアル」

　https://www.pref.saitama.lg.jp/documents/20508/00_0.pdf（2024.3.11 閲覧）

相模原市「子育てサイトさがみはら」www.city.sagamihara/kanagawa/jp

第 10 章

秋田喜代美・馬場耕一郎監修（2020）『保育士等キャリアアップ研修テキスト 6　保護者支援・子育て支援（第 2 版）』中央法規

厚生労働省（2010-2016）「21 世紀出生児縦断調査（平成 22 年出生児）」（第 1 回から第 6 回）

　https://www.mhlw.go.jp/toukei/list/27-22c.html（2020.9.9 閲覧）

けやき子ども園ホームページ http://keyaki.ii-ne.info/event/index.html（2020.9.9 閲覧）

武田信子（2018）『保育者のための子育て支援ガイドブック——専門性を生かした保護者へのサポート』中央法規

細井香（2018）『保育の未来をひらく　子育て・家庭支援論』北樹出版

松村和子ほか（2019）『シードブック子ども家庭支援論』建帛社

第 11 章

こども家庭庁「利用者支援事業について」

　https://www.cfa.go.jp/assets/contents/node/basic_page/field_ref_resources/8cc21a43-5649-465d-8ee6-e1474a77d031/f8e3ccb1/20230704_policies_kosodateshien_riyousya-shien_01.pdf

千葉市花見川市保健福祉センター（2021）「はなみがわ子育て HAPPY マップ」

　https://www.city.chiba.jp/hanamigawa/hokenfukushi/kenko/kosodatemap.html（2024.2.23 閲覧）

ベネッセ教育総合研究所「幼児の親子の変化をとらえる調査『第 6 回 幼児の生活アンケート』『子どものためにがまん』から『自分の生き方も重視』へ～育児負担感や不安感が増加、社会全体で子育てを支援する『チーム育児』を～」2023.

三菱 UFJ リサーチ＆コンサルティング（2018）「地域子育て支援拠点事業の経営状況等に関する調査報告」p.3 図表 1-6.

〔編集協力〕富津市地域交流支援センター「カナリエ」（棟方淳子 所長），清和大学附属幼稚園（真板陽介 園長）

第 12 章

足立叡（1997）「親子関係の人間学」日本家庭教育学会編『家庭フォーラム』第 1 号

柏女霊峰（2019）『混迷する保育政策を解きほぐす』明石出版

柏女霊峰（2022）『子ども家庭福祉論』誠信書房

厚生労働省（2023）「令和 4 年度 雇用均等基本調査」

　https://www.mhlw.go.jp/toukei/list/71-r04.html（2024.2.23 閲覧）

厚生労働省（2023）「『成育医療等の提供に関する施策の総合的な推進に関する基本的な方針』改訂（令和 5 年 3 月 22 日）のポイント」

　https://www.mhlw.go.jp/content/11908000/001076349.pdf（2024.2.23 閲覧）

小崎恭弘・田辺昌吾・松本しのぶ編（2017）『家族・働き方・社会を変える父親への子育て支援』ミネルヴァ書房

佐藤俊一（2001）『対人援助グループからの発見』中央法規

田辺昌吾（2017）『父親の子育て支援の具体的な取り組み』ミネルヴァ書房

総務省統計局（2022）「令和 3 年 社会生活基本調査結果」

　https://www.stat.go.jp/data/shakai/2021/pdf/gaiyoua.pdf

総務省統計局（2023）「統計 Today No.190　我が国における家事関連時間の男女の差～生活時間からみたジェンダーギャップ」https://www.stat.go.jp/info/today/pdf/190.pdf

内閣府男女共同参画局（2023）『令和 5 年版 男女共同参画白書（概要版）』

　http://www.gender.go.jp/about_danjo/whitepaper/h30/gaiyou/html/honpen/b1_s03.html（2019.10.2 閲覧）

吉田眞里（2019）『児童の福祉を支える——子ども家庭支援論』萌文書林

索　引

執筆者紹介 (執筆順)

松倉　佳子（まつくら・よしこ）(序章、第2章)

奥付参照。

佐藤　ちひろ（さとう・ちひろ）(序章、第6章)

奥付参照。

佐藤　純子（さとう・じゅんこ）(第1章、第4章)

流通経済大学共創社会学部地域人間科学科教授。専門は保育学、家族社会学。主な著書に、『親こそがソーシャルキャピタル──プレイセンターにおける協働が紡ぎだすもの』（単著、大学教育出版）、『親が参画する保育をつくる──国際比較調査をふまえて』（共編著、勁草書房）、『拡がる子育て支援』（共編著、ぎょうせい）、『災害・感染症対応から学ぶ 子ども・保育者が安心できる園づくり』（共編著、ぎょうせい）など。

室井　佑美（むろい・ゆみ）(第3章、第10章)

山村学園短期大学子ども学科准教授。専門分野は、保育学、ソーシャルワーク。主な著書に、『相談援助』（共著、一藝社）、『保育を学ぶシリーズ① 保育内容人間関係』（共著、大学図書出版）、『〈領域〉人間関係ワークブック』（共著、萌文書林）など。

原　信夫（はら・しのぶ）(第5章)

奥付参照。

佐藤　恵（さとう・めぐみ）(第7章)

日本体育大学児童スポーツ教育学部児童スポーツ教育学科准教授。専門は児童福祉。主な著書に、『社会的養護Ⅰ』、『社会的養護Ⅱ』（共著、大学図書出版）、『改訂版 幼稚園・保育所・認定こども園実習パーフェクトガイド』、『改訂版 施設実習パーフェクトガイド』（共著、わかば社）など。

西村（上田）　倫子（にしむら〔うえだ〕・みちこ）(第8章)

埼玉東萌短期大学講師・学生相談室カウンセラー、日本女子大学カウンセリングセンター非常勤研究員、日本女子大学心理相談室嘱託相談員。 専門は臨床心理学。主な論文に、「幼児をもつ母親の子育て状況と子育て不安との関連」（共著、日本女子大学大学院人間社会研究科紀要第20号所収）など。

髙橋　雅人（たかはし・まさと）(第9章)

湘北短期大学保育学科准教授。専門は社会的養護、仏教福祉。主な著書に、『ソーシャルワーカー──仕事発見シリーズ35』（主著、実業之日本社）、『改訂 はじめて学ぶ社会福祉』（共著、建帛社）、『子育て支援』（共著、北樹出版）など。

宗政　朱利（むねまさ・しゅり）(第11章)

清和大学短期大学部専任講師。専門は、社会福祉学、児童福祉。主な著書に、『社会保障──生活を支えるしくみ』（共著、学文社）、『現代福祉の諸相』（共著、学文社）など。

田中　賀奈子（たなか・かなこ）(第12章)

千葉女子専門学校、千葉労災看護専門学校兼任講師。専門は社会福祉学、ソーシャルワーク。主な著書に、『臨床社会福祉学の展開』（共著、学文社）、『新エッセンシャル 子ども家庭福祉論』（共著、みらい）など。

編著者

原　信夫（はら・しのぶ）

立教大学学生相談所カウンセラー、立教大学現代心理学部教授。専門は臨床心理学、カウンセリング。主な著書は、『子ども家庭支援の心理学』（共編著、北樹出版）、『子育て支援──「子どもが育つ」をともに支える』（共編著、北樹出版）、『寄り添い・ともに考える 事例解決 若手保育者の育て方』（共編著、ぎょうせい）など。

松倉　佳子（まつくら・よしこ）

こども教育宝仙大学こども教育学部准教授。専門は社会福祉学。主な著書に、『新・社会福祉原論』（共著、みらい）、『（みらい×子どもの福祉ブックス）社会福祉（第2版）』（共著、みらい）、『保育と子ども家庭福祉（第2版）』（共著、みらい）、『子育て支援──「子どもが育つ」をともに考える』（共編著、北樹出版）、『子ども家庭支援の心理学』（共著、北樹出版）など。

佐藤　ちひろ（さとう・ちひろ）

白鷗大学教育学部教授。専門は子ども家庭福祉、社会的養護。主な著書は、『子育て支援──「子どもが育つ」をともに支える』（共編著、北樹出版）、『これからの保育内容』（共著、一藝社）、『シリーズ保育と現代社会 保育と子ども家庭福祉』（共著、みらい）など。

子ども家庭支援論［第2版］

2020年4月30日　初版第1刷発行	
2021年9月15日　初版第2刷発行	
2024年5月15日　第2版第1刷発行	

編著者　原　　信　夫
　　　　松　倉　佳　子
　　　　佐　藤　ちひろ
イラスト　宮　野　里　枝
発行者　木　村　慎　也

定価はカバーに表示

印刷 新灯印刷／製本 和光堂

発行所　株式会社　北樹出版

http://www.hokuju.jp

〒153-0061　東京都目黒区中目黒1-2-6
TEL：03-3715-1525（代表）　FAX：03-5720-1488

Ⓒ 2024, Printed in Japan

ISBN　978-4-7793-0746-1

（落丁・乱丁の場合はお取り替えします）